「神技」を生み、「錬体」を作る

合気上げ

できる！使える！

合気錬体会第二代総師範
有満庄司

BAB JAPAN

肩肘逆捕り

大東流合気二刀剣

はじめに

「合気とは何か？」と問われれば、日本武術の精華であると答えたいと思います。

現在、世界中で合気道を代表とする様々な合気系武道が愛好され、多くの方が修行されていますが、その大本となったのが大東流合気柔術です。

大東流合気柔術は中興の祖といわれる武田惣角先生（１８５９～１９４３年）によって日本全国に広められましたが、私の主宰する大東流合気柔術錬体会では、武田惣角先生がその類まれな武才より大東流合気柔術を創始したものであると考えています。

武田惣角先生は元々剣術家であり、達人と評される腕前でした。そして「合気」という言葉も剣術用語から来ています。ただし、剣術でいう合気と合気柔術でいう合気はイコールではありません。「気を合わす」という点以外、そこからの発想が全く違うのです。

おそらく武田惣角先生は剣術修行を通じてある極意に達したあと、その極意を剣術以外にも応用することに気づき、それを合気と呼称されたものと思われます。

その一つの証言に、佐川幸義先生（１９０２～１９９８年。武田惣角先生の高弟で名人と評された）が吉丸慶雪先生（１９３１～２０１４年。大東流合気柔術錬体会 初代総師範）に語ったところによりますと、武田惣角先生は「合気は剣と同じ」と言われたことがあったそうです。

実際、本書で解説している「合気上げ」は剣の振り上げ動作であり、「合気下げ」は剣の振り下ろし動作であるのです。その動作そのものは非常に単純であり簡単なものであるのですが、その奥は非常に深いものとなっています。

大東流合気柔術では「合気上げ」「合気下げ」の鍛錬により、体を鍛え、武術に使う力を練り、ひいてはその極意である合気を悟ろうと修行を積むのです。

正しく「合気の極意は、合気上げ合気下げにあり」と言っても過言ではないと思います。

大東流合気柔術の真髄は合気にあり、当然その派生した合気系武道の修行者においても合気習得は目標となるものです。

その多くの修行者の参考となれるように、「合気上げ」「合気下げ」のコツを解説したものが本書です。

私は名人といわれた佐川幸義先生の高弟であった吉丸慶雪先生に師事し、その教えを受けました。そして、幸いにも「合気の悟り」を得て、大東流合気柔術錬体会 第二代総師範を継承することができました。

私の修行する大東流合気柔術は秘密主義であるゆえか、吉丸慶雪先生は佐川幸義先生に一対一で教えを受ける際によく「吉丸君だけができれば良いのだ」と言われたそうです。私も吉丸慶雪先生に「有満さんだけができれば良い」とよく言われたものです。

その極意の数々を本書では詳細に解説しています。門人達からは「ここまで解説するのですか」「あまり詳細に公開しないでください」等と言われたほどです。

なぜ、そこまで言われるほどの極意の公開に踏み切ったのかと言うと、恩師である吉丸慶雪先生が大東流合気柔術の普及を望んでいたからです。

吉丸慶雪先生はよく「日本には大東流という素晴らしい武術があるのに、あまり知られていない」と残念がっておられました。素晴らしい武術があることを知ってもらい、普及するためには、ある程度の秘密の公開が必要であることは自明です。

しかし、武術として秘密主義を徹底的に仕込まれた吉丸先生御自身では極意の公開は難しいため、先々を考えてか、吉丸先生は私には秘密主義の縛りをあえて掛けませんでした。

そのため、「合気上げ」「合気下げ」の極意公開が可能となったのです。

本書をきっかけに、合気道を代表とする合気系武道並びに他武道の修行者の方々に、多少なりとも大東流合気柔術へ興味を持っていただければ幸いです。

本書は、武術専門誌『月刊秘伝』の連載をまとめたものです。編集部の皆様、特に文章の校正に写真撮影にと尽力していただいた大塚義彦氏には言葉に表しきれない程の感謝を送りたいです。

大東流合気柔術錬体会　第二代総師範　有満庄司

目次

合気錬体会初代総師範

吉丸慶雪師範

「合気」を解き明かし、誰もができるように

自然な動き、無理のない動きで相手を制することが究極の護身術、いわゆる「弛緩力」の発現である。

著者の師である吉丸師範、在りし日の実演写真。「合気」「発勁」という武術の精華の実相解明に多大な成果を遺された。
〈『秘伝』1997年3月号より〉

近い間合いでの「後の先」を示す

第1部

「合気上げの根源力」

第1章 受け継がれる合気の真髄

佐川幸義より吉丸慶雪へ

合気の達人 佐川幸義から吉丸慶雪へ伝わった系譜

この度、合気錬体会に伝承された「合気上げ（揚げ）」について、ご紹介並びに解説させていただきます。当会には、武田惣角先生から継承された三人の先生（佐川幸義先生、山本角義先生、植芝盛平先生）の系統の大東流が伝承されています。これらはわが師である吉丸慶雪先生が、佐川幸義先生と佐藤金兵衛先生に師事されたことで私に継承されたものです。

まずは佐川派大東流合気武術。その証として、正伝大東流合気武術八元までの技法と『大東流合気之躰術目録』と『大東流柔術秘伝目録』の巻物が伝承されています。

次に山本派大東流合気柔術。その証として、数々の秘伝奥義技とともに免状「大東流合気柔術秘伝奥義之事」が伝承されています。

最後に植芝派大東流合気柔術（合気道）。その証として、植芝先生の合気である「体止めの術」と「転換の術」が伝承されています。

当会は、わが師である吉丸慶雪先生が一番長く修行された佐川派大東流合気武術を体系の柱として採用しています。なぜ「佐川派」を冠しているかを説明しますと、一時期、佐川幸義先生が「佐川派大東流合気武術」を名乗っており、その技法を含んでいるからです。また佐川幸義先生75歳以降の「佐川伝大東流」と区別するためでもあります。それに加えて、実は佐川幸義先生の体系には「別伝」というべき技法が存在するからです。これは初めて発表することなので、少し説明が必要だと思います。

武田惣角から伝わった大東流の基本『正伝』

吉丸先生は佐川先生に「正伝大東流合気武術」を約14年間学びました。「正伝」とは正統であるとか正しく伝えるという意味ですが、佐川先生の技法の体系である「一元」「二元」……というのは、本来の大東流では「一ヶ条」「二ヶ条」……と表します。それらの技法の9割は武田先生から伝わったものであり、残りの1割は佐川先生が鍛錬技や訓練技として工夫されたものらしいです。

佐川先生は実家が裕福であったこともあり、武田先生に助手として付いて廻ることが可能であったため、数多くの技法を繰り返し目にすることができ、それを正確に記憶することができたわけです。そういう自負もあり佐川先生は正伝を名乗られていたのではないかと思われます。吉丸慶雪先生が「八元」までの教伝が終わった際に、佐川先生からこのように言われたそうです。

合気錬体会を主宰し、「合気」「発勁」といった武術の精華の実相を探究、合気理論の解明への大きな手掛かりを遺した吉丸師範。その卓越した術技の全伝は、唯一の後継者である著者へと受け継がれている。

吉丸師範（写真左）は佐川派のみならず、佐藤金兵衛師範（写真右）より山本派大東流合気柔術の秘伝奥義も授かった。

1974 年頃、佐川幸義宗範（写真左）の隣に並んで控える、若き日の吉丸慶雪師範（写真右）。

「これで私が武田先生から習った技の半分を教えた」

「本当は十五元まであるのだよ」

吉丸先生が佐川先生に入門したときの入門案内には「正伝八元」までしかなく、その後は奥義秘伝技となっていました。その後、佐川先生はさらに技法を整理され「正伝」は「十元」まで増えたことになります。

「正伝」技法の特徴は、型稽古であるため、一、二、三、と手順を踏んで進めていくこと、さらに必ず佐川式の崩しが入ること、術理を正確に学ぶために当身を省いていること、などです。

「正伝」技は正確に手順を踏んで稽古すれば、非力でも技が必ず掛かるようにできています。また繰り返すことで、身体を錬り統一体を創り上げ、自然と武術に使う力が養成できるようになっているわけです。ですから技が掛からない場合に当身を入れるとか変化するとかではなく、技が掛からなくても繰り返すことでできるようになっていくことが正しいわけです。

吉丸先生から聞いた話では、佐川先生は「やりにくくても言われた通りにやらなくてはならない」と言われていたそうです。吉丸先生も佐川先生に「だめだ」「だめだ」と言われて、「まあまあ」と言われるまでに10年かかったそうです。

佐川幸義が独自に工夫した合気の実戦技法『別伝』

では「別伝」技とは何かというと、「正伝」以外の技ということになります。ただ佐川先生が「別伝」と言ったわけではなく、他に言いようがないので当会で「別伝」と呼称しているにすぎません。

佐川先生が武田惣角先生から習った技以外にも独自に工夫した技が多数あったであろうことは、想像できると思います。「別伝」には、そういう技法が多数含まれます。あとは武田先生に習った技でも「正伝」の分類に収まらなかった技です。その特徴は、まず「一拍子」か「二拍子」で決まること、「崩し」と「攻撃」が同時に行われること、そして実用性が高いことです。

吉丸先生の入門当時、佐川先生は道場を開いてはいても後に世間に知られるようになるまでは弟子が少なく、吉丸先生が稽古に行っても誰も来ず、吉丸先生は佐川先生に一対一で直接指導を受けるということがざらにあったそうです。

始めは「一元技」や「基本技」を直接手直ししてもらっていたのですが、そのうちに「顔を突いてこい」「胸を掴め」と言われ、見たことのない技を極められるということが増えたそうです。その時、説明らしき話は一切なく、佐川先生に一方的に技をかけられるだけだったそうです。

そして、吉丸先生が日記を書いていることを知っていた佐川先生は、一対一での直接稽古の「記録」を一切残さないようにと言われたそうです。当然、他の門人にそれらの技について語ることすらも禁止ということになります。

私は吉丸先生から譲り受けた当時の稽古日記が飛び飛びで、私は吉丸先生から「入門以来、一日おきにほとんど休むことなく通った」と聞いていたのに、几帳面な先生が変だなとは思っていましたが、この話を聞いて納得がいきました。吉丸先生によると、その時は「佐川先生は技のテストをしているようだった」ということです。

木村達雄先生（大東流合気武術十元師範）の著書『透明な力』（講談社）では、吉丸先生についての項目にこのように書いてあります。

「昭和五十二年までの門人は五元以上の直伝は記録やメモを一切取らせず一対一（先生と受講者の二人きり）で指導した。その頃は教えるというより、門人相手にいろいろ自分の研究をしていたのであったが、昭和六十年頃からはいろいろ教えてくださるようになってきた」

最初、私はこの文章を読んだときに「正伝八元」まで教えた弟子（吉丸先生）にたいして、ずいぶんひどい言い方だなと思ったのですが、のちに別伝技の事を知ってからは、正伝技と別伝技についてごっちゃにした話だと思いました。でも佐川先生にしたら、辞めた

合気上げ

座位合気上げのデメリットを補うため、その前段階として吉丸師範が考案した、手を伸ばした状態からの合気上げ（①〜③）。この方法だと押さえ手はあまり体重をかけられないため、力に力で対抗してしまう反射運動が起こりにくく、初心者でも無理なく合気上げの感覚を養うことができる。

巻で見られる一般的な座位による合気上げ（①〜③）。全ての合気技法の根幹となる重要な練習法だが、初心者にとってこの状態で押さえられた手を上げるのはかなり難しく、無駄に力む癖をつけてしまいかねない。佐川宗範も「力むのは合気上げをやりすぎるから」と言ったこともあったという。

手伸ばし

1

2

3

座位

1

2

3

袖捕りに対する別伝技の一例

「別伝」は「正伝」の技を、佐川宗範がより実戦的になるよう工夫を加えたものであり、写真はその一例。右袖を掴んできた相手に対し（①）、相手の外側に体捌きしつつ、右腕で巻き込むように瞬時に肘関節を極める（②〜⑤）。この巻き込む際の上下運動がそのまま崩しであり、合気上げはこの上下の崩しを修得するために行う。

弟子（吉丸先生）に特別な技を掛けてみせていたとは言えなかったのかもしれません。

しかし、佐川先生は普段から「見せたということは教えたということ」と言われており、記憶の良かった吉丸先生は当時、その技法のほとんどを覚えていたそうですが、さすがに30年以上経ってしまってからは、その膨大な「別伝」技法の半分ほどは忘れてしまったそうです。

私が吉丸先生に「どうして書いて残さなかったのですか？」と聞くと「佐川先生の言うことは絶対なんだよ」と言われ、「有満さんも書いて残してはだめだよ。佐川先生は残す気がなかったと思う。覚えたら忘れて、自然と技が出てくるようにしなさい」と言われていました。

早くに父親を亡くされた吉丸先生は佐川先生を義父同様に慕っており、その言葉は逆らえない絶対の事であったようです。

家族同然の信頼関係の中、マンツーマンによる教授

吉丸先生は入門後、しばらくすると信頼を得て、佐川先生のご子息である敬行氏の碁の相手をするようになり、それをきっかけに佐川家に深くかかわるようになりました。

そして家族同然となると、武術家らしい名前をということで、敬行氏に「慶雪」という号を考えていただいたそうです。この名前は漢字をひっくり返すと「雪慶」となり「ゆきよし」と読めるのです。ちなみにご子息のお名前である「敬行」も、やはり漢字をひっくり返すと「行敬（ゆきよし）」です。

やがて、吉丸先生は佐川先生から絶大な信頼を得て「養子に入って佐川家を継がないか」とまで言われたのですが、吉丸家の嫡男であり唯一の男子でもあったので、すぐにお断りしたそうです。

そういった信頼関係の中、マンツーマンで教わったため、吉丸先生の技は「一元」技法から他の一般門下

大東流の最も基本的な技法『一元』。相手が正面から手刀で打ち込んできたのを、横への体捌きでかわしつつ腕を捕る。「正伝」と「別伝」ではここから先が異なる。

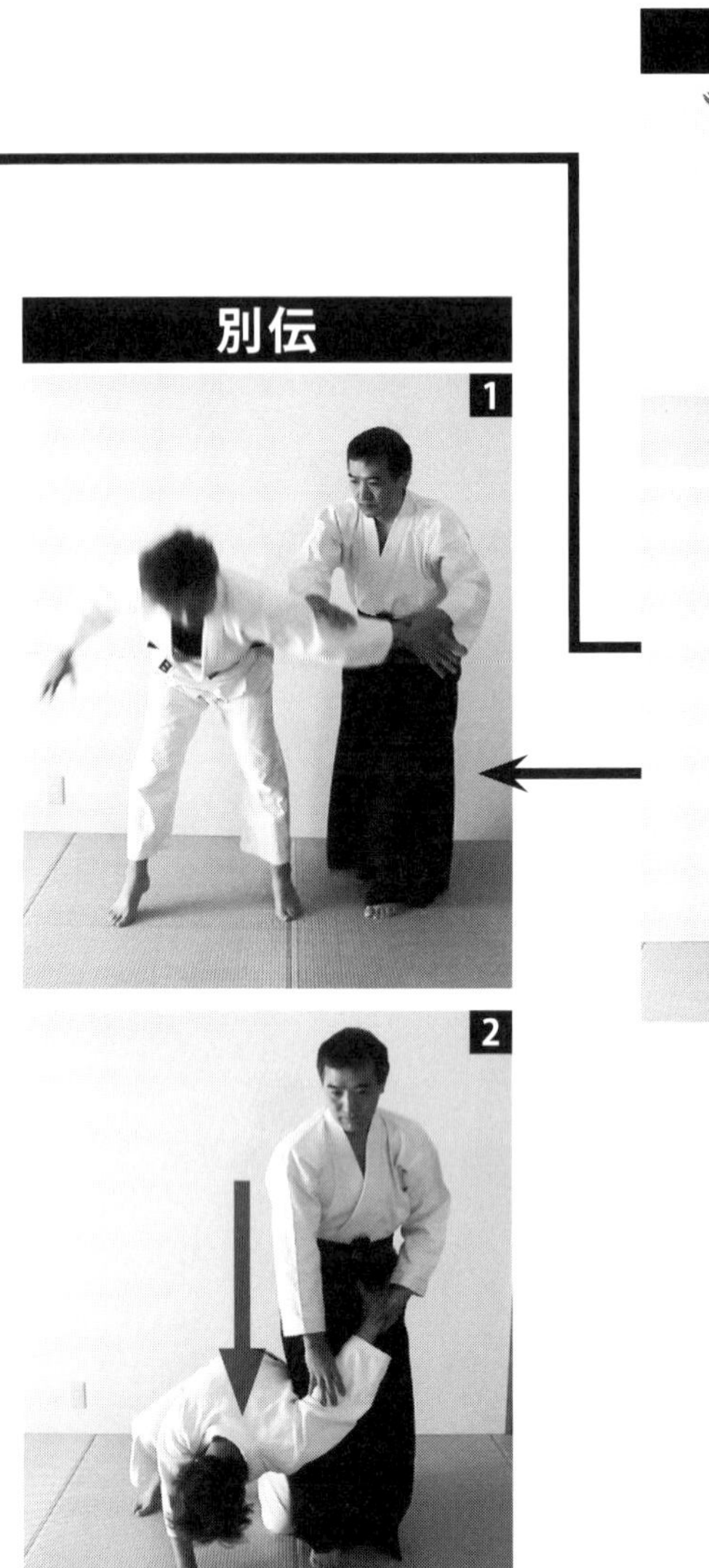

「別伝」では捕りが即崩しとなり、瞬時に技が極まる（①②）。ポイントは相手に対して45度ではなく、真横から攻める意識を持つこと。これなら力がぶつかることなく容易に崩しが掛かる。

生とは違っていました。同じように見えても技のポイントが違うのです。

技のポイントを知ることで大きな違いが出る

こんなエピソードがあります。かつて、佐川道場の後輩がなかなか上達しなかったので、かわいそうに思った吉丸先生は、自分が佐川先生から特別に教わった技のポイントを洩らしてしまったことがありました。

するとその後輩は見違えるようにめきめき上達したのですが、彼が吉丸先生から合気の要点を教えてもらったことが佐川先生の知るところとなり、吉丸先生

正伝

「正伝」では捕った腕を介して二度崩しを掛けてから（①②）、相手に対して45度の方向に歩を進めつつ肘関節を極める（③）。当時の佐川道場でも一般的に行われていた「正しい形」だが、実戦への使用を考えると手順が多いこと、崩しや極めの方向が相手の抵抗する力とぶつかりやすいという難点もあった。

は酷く怒られたそうです。「吉丸君だけができれば良いのだ」と。

また、吉丸先生は後輩の技を受ける際、相手が上手くやれた時は頑張ることをせず倒れてあげていたのですが、これも佐川先生は気に入らず、「わざと倒れる必要はない」と怒られたりしたそうです。

しかし、これには吉丸先生も困ったようです。上手くやれたときくらいは倒れてやらないと後輩は道筋が分からず上達しないため、すぐ辞めてしまったりするからです。当時、吉丸先生は佐川先生の名人技を自分だけが独占するのはよくない、広く世に知ってもらいたいと考えていたからです。

「合気上げ」を中心に佐川派大東流の秘伝を公開

話が脱線してしまいましたので、元に戻します。つまり、「別伝」とは普通の門人では知ることのできない「正伝」以外の技ということです。佐川先生が「別伝」と言っていたわけではありません。佐川先生は一切説明しないし、質問も受けないわけですから。

また技法的には、当会の佐川派大東流合気武術は「正伝大東流」と「別伝」以外にも「剣術極意」と「武器術秘伝」を含んでいます。実はこれらの技法の存在について、吉丸先生は公にしてはいけないと言われていました。「あると言えば教えてくれと言ってくる人間が必ずいるし、いらぬ嫉妬を買うから言わないほうが良い」と。

しかし吉丸先生は亡くなられる前、「私の伝えた大東流は有満さんの好きにしていいから」と私に言ってくださいました。そのおかげで今回、本書で当会に伝わる佐川派の「合気上げ」をご紹介できるわけです。■

第2章

「座捕り」と「剣」が生む合気の身体

合気道の源流となった大東流合気柔術

武術を熱心に修行されている方であれば、「合気上げ」というのは一度ならず聞いたことがあると思います。「合気上げ」というのは大東流独特の訓練法で、本来は「上げ手鍛錬法」と言います。

大東流を知らないという方もおられるかもしれませんが、合気道は聞いたことがあるでしょう。その合気道の源流となった武術です。「合気上げ」というのはどういうものか、大東流の修行者は当然既知ですが、合気道では「呼吸力養成法」とか「座技呼吸法」といわれるものです。合気道師範によっては、単に「呼吸法」といわれることもあるようです。

合気道の「呼吸法」では、お互い正座で座り、相手が中空で我が両手を掴んだ状態のまま相手の体勢を崩す稽古をはじめますが、大東流の場合、初心者であっても掴まれた両手を膝の上に力一杯に押さえつけられた状態から、その両手を相手の押さえつける力に逆らって上げる稽古を行います。これが「座捕り合気上げ」で、合気道「座技呼吸法」の原型です。

吉丸慶雪先生が聞いた佐川幸義先生のお話では、この「座捕り合気上げ」はかつて大東流中興の祖と言われる武田惣角先生が武術講習会を行った際、最初に10分ほど行っていたそうです。

ただ武田先生が何の説明もしなかったため、皆何かあるのだろうと思ってはいたけれど意味も分からずに行っていたということだそうです。佐川先生は「座捕り合気上げ」の工夫と研究を続け、あるコツに気づいたことで、どんなに強く押さえられても軽く手を上げることができるようになったそうです。

足捌きを封じる「座捕り」が「合気の手」を創り上げる

佐川派大東流合気武術では特に足捌きが重要で、常に相手の攻撃が当たらない位置に立ちますが、「合気上げ」は座捕りで行いますので、その足捌きを封じた状態で行うことになります。これには理由があり、それは手の操作に集中するためです。まず足が自由に使えると、足でごまかすことができるため、「合気の手」を創り上げるのに邪魔になるからです。

「合気の手」とは小手から先に集力し、且つ器用に指を操作できる手です。今風に言えば「手の武器化」ということなのでしょうが、イメージ的には少し違うようです。というのは、合気の手は「硬い」だけではなく「柔軟」でもなければなりません。佐川先生は「ピアニストのように器用に指を使う」とも言われています。「器用に指を使う」には柔軟である必要があるからです。

また、佐川先生は「合気の手」のことを「合気充満

合気道と大東流における「合気上げ」

合気道の源流となった大東流の「座捕り合気上げ」。正式名称は「座捕り両手取り上げ手鍛錬法」であり、初心者でも膝上の両手を上から掴み押さえつけるところから始める（①）。この状態から腕力のみで上げることはほぼ不可能だが、合気上げの"コツ"を掴んだ上で鍛錬を続ければ、次第に合気の体ができてゆき、力まず手が上がるようになる（②③）。

合気道では合気上げを「呼吸力養成法」や「座技呼吸法」と呼び、基本稽古として広く普及させている。互いに正座で向かい合った状態から、中空に浮かせた両腕を相手に掴ませ（①）、そのまま捕られた両腕を介して相手の体勢を崩し、投げ放つ（②③）。捕り手に体重が掛けにくいため、初心者でも比較的容易に合気の感覚を養うことができる。

座捕り合気上げ

1

2

3

座技呼吸法

1

2

3

足捌きによる“ごまかし”

立った状態だと足が自由に動かせるため、一歩後ろに引いて相手の圧力を外せば（①②）、技量に関係なく簡単に上がってしまう（③）。大東流の「合気上げ」が座位を基本とするのは、こういった“ごまかし”を無くし、純粋に合気の理合を身につけるためである。

「合気上げ」の“コツ”

掴まれた手を力むことなく自然に開く（①②）。そうすることによって相手の親指の握る力を殺し、自らに掛かる圧力を大きく減少させることができるため、かなり手を上げやすくなる。

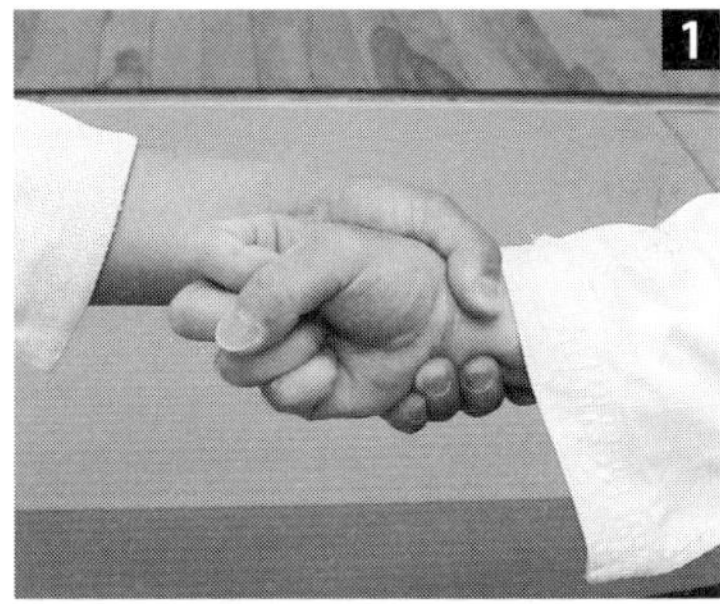

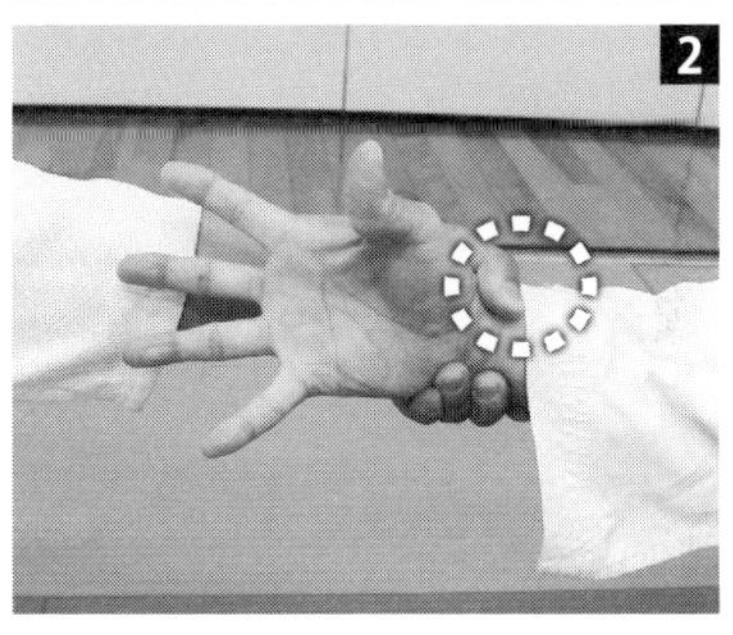

の腕」と言うこともあったようです。「合気充満の腕」にて打てば関節を打ち折ること自由なり、と言われていますので、まさに集力により硬軟自在の手を創り上げるということになります。

「合気上げ」の原型
「剣の振り上げ動作」

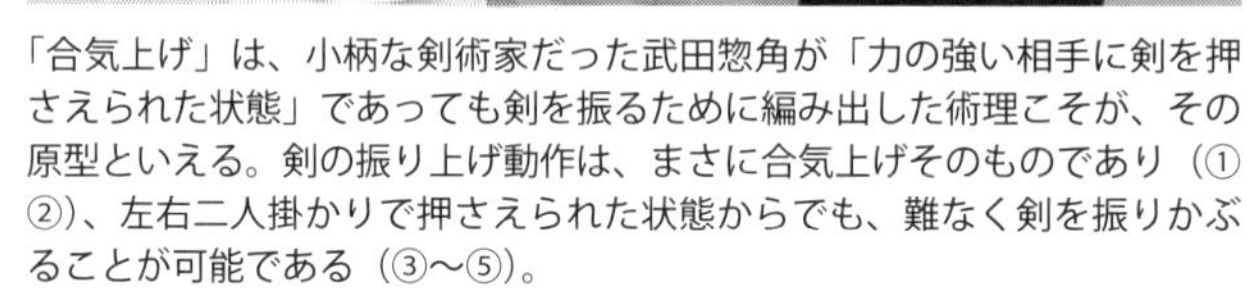

「合気上げ」は、小柄な剣術家だった武田惣角が「力の強い相手に剣を押さえられた状態」であっても剣を振るために編み出した術理こそが、その原型といえる。剣の振り上げ動作は、まさに合気上げそのものであり（①②）、左右二人掛かりで押さえられた状態からでも、難なく剣を振りかぶることが可能である（③～⑤）。

「合気上げ」とは武田惣角の「剣の振り上げ動作」である

大東流の歴史には諸説あります。大東流を広めた武田先生は大東流中興の祖と言われていますが、佐川先生が言われるには大東流は武田先生が創ったものだろうとのことでした。

武田先生は剣の時代ではないということで柔術を教えて生活していましたが、本来は剣術家であり、剣術の理合で柔術を教えていました。ですから大東流や合気道は剣術の体捌き、腕捌き、足捌きで成り立っているわけです。よく「大東流や合気道は剣の理合である」と言われますが、それを裏付けるエピソードを一つ紹介しましょう。

ある日、吉丸先生が佐川道場に稽古に行くと誰も来ず、一対一で佐川先生に基本技を手直しされた後、一方的に色々な技を掛けられたのですが、最後に佐川先生が木刀を持ち、正眼に構えられたそうです。そして「押さえてみなさい」と言われ、吉丸先生は両手で佐

4
2
5
3

川先生の右小手を掴み押さえたところ、するすると軽く上げられてしまったそうです。この時、吉丸先生は「これが武田先生の〝合気上げ〟の原型か？」と思ったそうです（一対一の時、佐川先生は何も教えないし技を掛けるだけですから、吉丸先生がそう感じたということです）。

体の小さかった武田先生にとって、もし刀を持つ手を押さえられた場合にその手を振りほどいて振りかぶるのは困難だったはずで、相当の工夫と研究をされたと考えられます。そして、その問題を「合気上げ」によって解決されたのだと思います。だから武田惣角先生は、講習会の始めに「合気上げ」をやらせたのではないでしょうか？

そのため、特に基本の「合気上げ」は、剣術家の武田先生が剣を持たずに行う剣の振り上げ動作であると、合気錬体会では考えています。

一番最初に一番難しい稽古

今ではすっかり有名になってしまいましたが、「合気上げ」というのは通称であり、本来は「座捕り両手取り上げ手鍛錬法」と言います。取りは手を取ったという意、捕りは完全に捕らえて逃がさないことの意です。その目的は、鍛錬法とあるように武術の統一体を創り上げることと武術で使う力を養成することです。

正座で相対し、相手は上から我が両手を掴み押さえつけるわけですが、この場合、さらにのしかかるように体重も乗せることができるので、押さえる側は圧倒的に有利となります。逆に、自分は圧倒的に不利となるわけです。つまり、大東流では一番最初に一番難しいことをやっているのです。

佐川派大東流では、入門すると基本として「合気上げ」を最初に学ぶことになりますが、まず初心者は先輩を相手にしては手を上げることはできません。なぜなら「合気上げ」は、経験によって、またコツを知っているかいないかで、大きな差が出るからです。長年やっている先輩は受けの力も強くなっており、その気になれば、初心者相手ではピクリとも動かすことはかなわないと思われます。

もし「合気上げ」で力の強い相手が上から体重を乗せて押さえてくるのを軽々上げることができれば、他の持ち方であれば、どの方向にも自由に動かすことができます。ですから、この圧倒的不利な状況を力に頼らず逆転できれば、「柔よく剛を制す」という極意を体現したことになるわけです。

入門後、真面目に稽古を続け、「合気上げ」の経験を積んで徐々に力まずに両手が上がるようになれば、体ができてきたことになります。大東流の「座捕り合気上げ」は、どう考えても腕の力だけで手が上がるものではないので、この状況にあっても力まずに手が上がるということは、体から無駄な力みが消え、筋肉の連動性が増して統一体に近づいたということです。

さらにレベルが上がり、合気を使える最低限の武術統一体に達して、さらに脳が武術に特化することで体や力が勝手に進化し始めます。この進化する武術統一体が合気之錬体と言われるものです。合気之錬体となって始めて「体の合気」を自在に使えるようになるのです。だから「合気上げ」で体を創り上げていくことが、佐川派大東流の基礎であり極意であるといわれるのです。

全身を繋げて連動させ、進化し続ける「合気之錬体」

前述したように、佐川派大東流では進化する高度な武術の統一体を合気之錬体、または合気の体と呼称しています。佐川先生は簡単に「一本になる」とも言われていましたが、これは手の指先から足の指先まで全てが繋がって、全身が連動し全身力を発揮できるということです。

これは、いわゆる格闘技的な身体とは大きく違います。通常、ボクシングなどの格闘技では、その人の一番強い部分を上手く使おうとします。だから腰を効かす動作が多く、よく「腰の効いたパンチを打つ」とか

手の指先から足の指先まで、全身を繋げて〝一本になる〟のが、佐川派大東流の「合気之錬体」だ。「合気上げ」は単に押さえられた手を上げるためのものではなく、この合気の統一体を獲得することが真の目的である。

言います。また、肩の強さに自信のある人は、肩を効かせて使ったりもします。最近だと、体幹を使うのが流行っているようです。

佐川派大東流では人は流体であると考えていますので、腰や肩などの一部分の力を効かせると、その力を入れたところで力の流れが停まってしまうことになるため、格闘技的な身体の使い方を嫌います。それに腰でも肩でも体幹でも一部分の筋力に頼っていると、歳をとってその部分が衰えればガクンと弱くなってしまいます。

佐川派大東流では全身が連動しているため、全身から力を一寸ずつ繋げて指先へ力の流れを作ります。体の動きがバラバラだと不可能ですが、小さな動きにも全身が柔軟に協調して動く統一体なら可能になるのです。メリットも大きく、相手に力を感知されにくい上に衰えにくいのです。むしろ年齢が上がっても、技術的には上手くなるため、力としては向上していきます。

相手と異質の力こそが弱者が強者に勝つ方法

武術で使う力には流儀によって色々あると思います。若いときはパワーとスピード重視でも良いのではないでしょうか。ただ限界があり、上には上がいるということと歳には勝てないという点が問題です。

一般的には武術で使う力といっても、それは日常で使う生活動作の力の延長です。生活動作は物を持つ動作に代表されるように、屈筋主体で使っています。特に腕は一番太くて強い上腕二頭筋を主に使います。いわゆる力瘤を作る筋肉です。

屈筋主体の身体の使い方は人類共通であるため、戦う際においては、お互いに相手の動きを感知しやすくなります。そのため素手でも武器でも戦いの中、お互いのパワーとスピードに敏感に反応し合い、両者の力がぶつかり、技の膠着状態を作り出しやすいのです。

これだと不意打ちか相手の隙をつくとかでもしない限り、パワーの強い方か、スピードの速い方が圧倒的に有利です。つまり、弱者や高齢者は相手が油断してくれない限り、まず勝つことはできない道理です。

これを打破するために考え出されたのが、相手とは性質の違う異質の力を使うということです。おそらく鍛錬に鍛錬を重ねた武術家が高齢になり、それでも強さを失わないための方法を模索する中、何らかのきっかけで力を抜いて柔らかくやるということに気付いたのでしょう。だから、柔（やわら）とか柔術というのだと思います。

「柔の力」を修得する鍵は「伸筋を使う」こと

屈筋主体とは異なる「柔の力」をどう習得するか？

佐川派大東流ではまず、伸筋を使うよう指導しています。これは佐川先生が吉丸先生に「伸筋を使う」と指導されたことが始まりです。

ところが佐川先生は「伸筋を使う」と指導されましたが、具体的にどうするかということは一切教えませんでした。だから、吉丸先生は試行錯誤しながらの研究になりましたが、どうしても日常の生活動作で屈筋を主に使うため、その感覚に引きずられて、３歩進んで２歩後退するという有様でなかなか上達しなかったそうです。

一般人は「伸筋を使う」ということ一つをとっても生活がありますので、よほどの工夫と努力がなければ上達は困難です。佐川先生は幼少時から武術を学んでおり、生活のために働くということもなく武術だけに専念できる恵まれた環境でしたので、上達にあまり障害はなかったものと考えられます。

吉丸先生は、ある事情により佐川道場を辞めた後も「伸筋を使う」ということを一つの課題にしていましたが、「合気上げ」で指に集力すると指導されたことをヒントに伸筋制御運動に気付いていきます。

■

第3章 「伸筋制御運動」と「伸張力基礎訓練法」

骨法創始師範 堀辺正史と大東流の知られざる縁

本章の始めに、2015年12月26日に心不全のため御逝去された、日本武道傳骨法の堀辺正史(ほりべせいし)創始師範のことを少しお話ししたいと思います。

残念ながら、私自身は生前の堀辺師範に一度もお会いしたことはありませんが、堀辺師範は吉丸慶雪先生の佐川道場の後輩であり、道場では吉丸先生が堀辺師範を指導していました。しかし道場外では、堀辺師範は吉丸先生より年下でしたが、非常に気が合って友達だったそうです。

そして、堀辺師範が佐川先生の三元直伝を受けて、その合気に感心し、佐川先生を世に広く知らしめたいと考えたことで、吉丸先生と志が一致したのです。吉丸先生は佐川道場在籍時、佐川先生をこのまま市井に埋もれさせるのは惜しいと考えていて、佐川先生の名声を高める方法を模索していました。今では考えられませんが、当時、佐川幸義先生は一部の武術家には知られていましたが、一般的には知名度が低く門人も少なかったのです。

佐川先生を世に広く知らしめたいと考えた堀辺師範は、以前より換骨術の治療院を拡充するための資金を用意していたのですが、昭和50年5月頃、治療院に合気柔術の道場を併設し、佐川道場師範代である吉丸先生に手伝ってもらうことを提案して、佐川先生の許可をもらいました。

その道場を同年8月に開設するにあたり、吉丸先生は佐川先生に免状として「大東流柔術秘伝目録」の巻物をいただき、「大東流を名乗って教えて良い」「独自に段を出してよい」「基本技だけでなく上級技も教えて良い」との許可をいただいたのです。これが大東合気武術協会であり、その時の道場開設資金は全て堀辺師範持ちでした。

このような設立の経緯があるので、大東合気武術協会は佐川先生を宣伝する佐川道場の半支部という立ち位置でした。なぜ半支部かと言うと完全支部とすると、一般の道場生は本部道場と同じに一元（一ヶ条）の稽古しかできなくなり、せっかく「基本技だけでなく上級技も教えて良い」との許可をいただいたことが無駄になってしまうからです。流儀名も「大東流伝合気道」にすることにして、佐川先生から許可をいただきました。道場内には、佐川先生の立派な写真を飾ったそうです。

ところが、ある事情で大東合気武術協会は1年余りで解散することになりました。吉丸先生は堀辺師範にあまりに申し訳なく、今後の道場経営が上手くいくように堀辺師範を前面に押し立てて換骨拳立ち上げを手伝い、最大限の協力をされたそうです。この時、書かれたのが『換骨拳入門』（私家版）です。

実は吉丸先生は佐川先生の宣伝に四苦八苦していた時に、それを知った佐川先生に「吉丸君、本を書け」と言われたことがあります。ですが、生真面目すぎる

換骨術の回転極め技法

吉丸師範も感心したという、堀辺師範の「換骨術」の技法。右手を掴まれた瞬間（①）、即座に腕を旋回させて相手の手首を極め（②）、脇から肩まで右手を差し入れて肩関節をロックしながら、相手の周囲をクルクルと回って制圧する（③〜⑤）。後の喧嘩芸「骨法」でも立ち関節を極めるための極意として紹介された動きである。

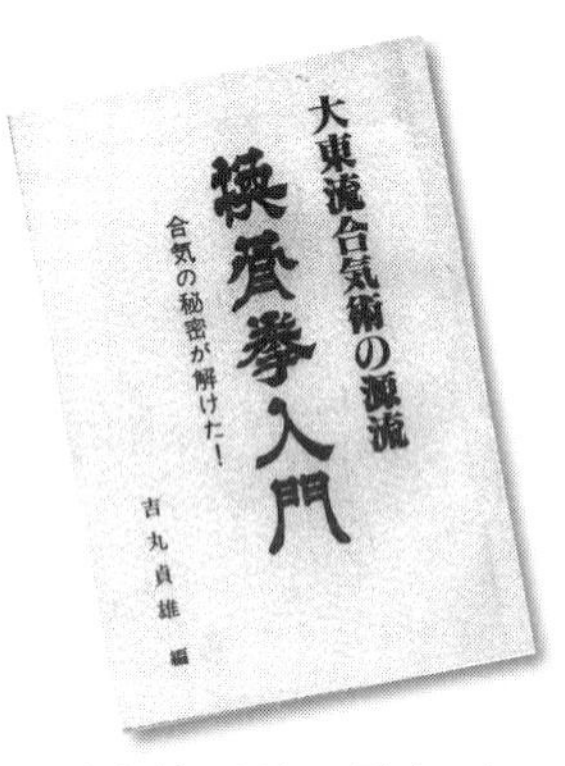

吉丸師範の最初の刊本でもある『換骨拳入門』。

上記書籍にて吉丸師範を相手に技法の実演をする堀辺師範。

吉丸先生は「自分は大東流を十数年修行したが、いまだに合気が分からない」「分からないことを知ったように書くことはできない」と思い、本を書くことができなかったそうです。

しかし『換骨拳入門』は堀辺師範の話を基にして、堀辺師範を、敬愛する佐川先生に見立てて書いたのでスラスラ書くことができたそうです。だから、佐川道場では堀辺師範を指導していた吉丸先生が、『換骨拳入門』では逆に堀辺師範に入門して指導を受けるという設定で話が進みます。

大金を投じて堀辺師範が開設してくれた合気道道場を潰すことになり、当時は離職して貯金もなかった吉丸先生にしてみれば、こういう形でしか恩義を返すことができなかったのだと思います。また、この時の吉丸先生には「自分はもう佐川道場に戻ることはないだろう」との強い思いがあったそうです。

大東流合気柔術の「潜り技」

小柄だった武田惣角が得意とした技法。掴んできた相手の腕をアーチ状にロックして固定（①②）。これはより潜りやすくするための佐川宗範の工夫であり、「橋をかける」と称した。「橋」の下を潜って相手の背後に抜け（③）、そのまま逆手を極める（④）。⑤は最後の極めを別角度から見たところ。

換骨術の特異な技法

大東合気武術協会では、吉丸先生の「大東流伝合気道」とは別に堀辺師範は家伝の「換骨術」を教えていたのですが、その演武で堀辺師範が弟子をクルクルと回して動けないように固めてしまったのです。それを見ていた吉丸先生は「大東流に似ていて面白い技だなあ」と感心したそうです。

また活法（治療術）としての「換骨術」には「背を伸ばす術」があって、それを吉丸先生は習ったそうですが、試しに知人に使ってみると3〜5センチくらいは簡単に伸びたので、施術を受けた人は皆驚いていたと聞いています。

当時、もし大東合気武術協会が解散せずに大東流伝合気道が続いていれば、堀辺師範も十分な準備期間をおいて「換骨拳」を立ち上げることができていたはずで、そうなると名称も始めから「骨法」であったかもしれず、その技法もだいぶ違ったものになっていたのかもしれません。

日常生活は屈筋主体
合気の動きは伸筋主体

さて、ここからは本章の本題である「伸筋制御運動」の説明です。

人は運動において関節を伸ばすときに伸筋を使い、関節を曲げるときに屈筋を使います。そして伸筋と屈筋は運動において拮抗しています。日常動作では物を持つことが多いため、特に腕においては屈筋主体の動作になります。

それはなぜかというと、物を持つ時は体幹に物を近づけたほうが楽に持つことができるからです。試してみるとすぐ分かりますが、腕を伸ばして体幹から物を遠ざけるほど、物が重く感じて持つのが困難になります。

ところが、大東流や合気道では柔道のように相手を掴んで引きつける（体幹に近づける）といった動作はほとんどありません。どちらかというと、自分を中心に外へ外へと遠心的に使う技がほとんどです。一見引きつけるように見える技も相手を引っ張るのではなく、実は伸筋を使い引き込んでいるのです。これは大東流や合気道が剣の理合で成り立っているからで当然のことなのです。剣術のように刀を持った場合、懐に入られてしまうと対処が難しくなります。だから近間より遠間において対処しようとするのです。

例として、犯人を取り押さえようとした警官が逆にナイフで刺されるという事件があります。これは柔道経験者で、腕っ節に自信がある人ほど陥りやすいそうです。つい癖で引きつけて取り押さえようとしたり、投げようと近づきすぎて、刺されやすい状況（近間）を作ってしまうのです。

ナイフが見えていれば用心するでしょうが、犯人が懐にナイフを隠し持っていたり、逃げる犯人を追いかけて行って掴んだ際に振り向きざまに刺してくると避けるのは困難です。

指の先までのびのび使う 錬体会の「伸筋制御運動」

大東流の実質的な創始者である武田惣角先生は体が小さく150センチくらいしかなかったそうですから、当然のごとく、剣術修行の際に自分より大きい相手に対して、自らの体を大きく使う工夫をされたと思います。その身遣いのまま、柔術をやったのが大東流合気柔術です。そのためか、大東流合気柔術は小柄でなければ奥義に達することができないと言われてきました。

たしかに、大柄な人は自分より小さい人を相手にわざわざ体を大きく使おうとは思わないでしょうから、上達は難しかったと思います。それに大柄な人はやはり力に頼る傾向がありますし、大東流合気柔術には潜り技などが多く、こういう技は小柄の人に有利に働くのも事実です。

合気錬体会では、この武田先生が体を大きく使う工夫が、佐川先生が言われた「伸筋を使う」の意味だと考えています。指の先までのびのび使う工夫です。佐

伸筋制御運動

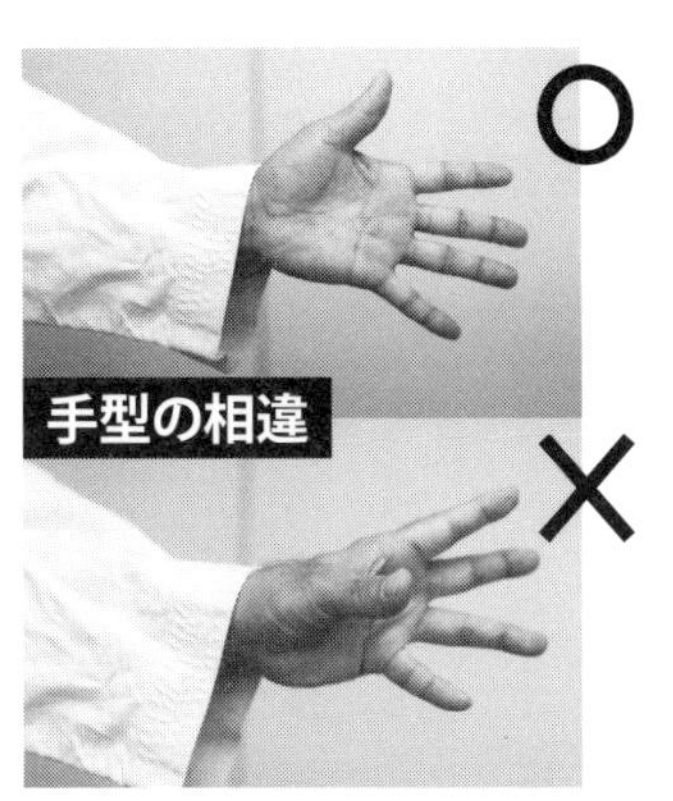

実際に技として用いる際は、自由度の高い花手型（写真下）を使うが、「伸張力基礎訓練法」の時は、上下運動に特化した平手型（写真上）で行う。

二人一組で人差し指と中指を引っ張ってもらうと、予想以上に「伸びる」ことが実感できる。

川先生の口伝にも「技をのびのび使っているうちに要領が分かってくる」というのがあります。つまり、「伸筋制御運動」というのは、伸張力を使うということですが、難しく考えず単純に「筋肉の伸び」を使うことだと思ってみてください。

では、ここで「筋肉の伸び」とはどういうことなのかを体験していただきます。

これは二人一組で行います。まず、一人が十分リラックスして片肘を体側につけ、肘の角度が90度になるように前腕を持ち上げます。そしてその手の人差し指と中指を伸ばし、他の三指は曲げて軽く握ります。次に、その腕の肘部分を相手に片手で押さえて固定してもらいます。そして、相手にもう片方の手で伸ばした人差し指と中指を握り引っ張ってもらいます。すると、その引っ張られた指が想像以上に伸びるのを体感できます。

この伸びは、指に繋がる筋肉の伸びと関節の緩みからくる伸びですが、これが想像以上に大きいのです。人は筋肉を緊張させなければ、つまり十分緩めば、こ

伸張力基礎訓練法（下→上）

まず足を肩幅に開き、力を抜いて自然体で立つ。体は完全脱力し、可能な限り骨格だけで体を立て、頭頂を糸に引っ張り上げられているとイメージする。次に掌を指先へ意識を集中させつつ軽くフワッと開き、両手五指の先に細い糸が付いていることをイメージする（ここが最重要ポイント）。その糸に引っ張られるように指先が下方に伸びていく。指が伸びきったら、今度は丸く引かれて指先を先頭に腕が上に吊り上げられていく（①②）。ゆっくりと指先が吊り上げられてこめかみの高さまで上がったら停止する（③）。

の筋肉と関節の伸びを使うことができるのです。そして、普段は気づかないこの伸びを意識的にコントロールしようというのが「伸筋制御運動」です。

これは必要以上にわずかでも筋肉を緊張させると効果半減となります。また、フニャフニャブラブラの腑抜け脱力では本当に鍛えた相手には通用しませんし、第一に腕や体にピアノ線のような芯ができてきません。佐川派が体を鍛えるのは、武術体として体の内部に芯を創り上げる必要があるからです。

「伸張力基礎訓練法」で筋肉の伸びをコントロール

「伸筋制御運動」を習得するためのメソッドが「伸張力基礎訓練法」です。型としては「立位でのイメージを使った一人合気上げ」です。ただし、本来の合気上げは小手を廻すことが技術としてあるために全方位に対応できる花手型（五指を朝顔の花のように開く）を使用しますが、「伸張力基礎訓練法」では平手で行

伸張力基礎訓練法（上↓下）

前述と同じように指先がイメージの糸に引っ張られて上方へ伸びていく。指が伸びきったら、今度は逆に、糸に丸く引かれて下方へ指先を先頭に腕が下に引き下げられていく（①）。ゆっくりと腕を下ろし一番下まで戻ったら停止する（②③）。上下どちらの動きでも、全ての指先に腕全体の重さが十分に乗るように。これで開始の姿勢に戻ったことになるので、再び最初から動作を繰り返す。

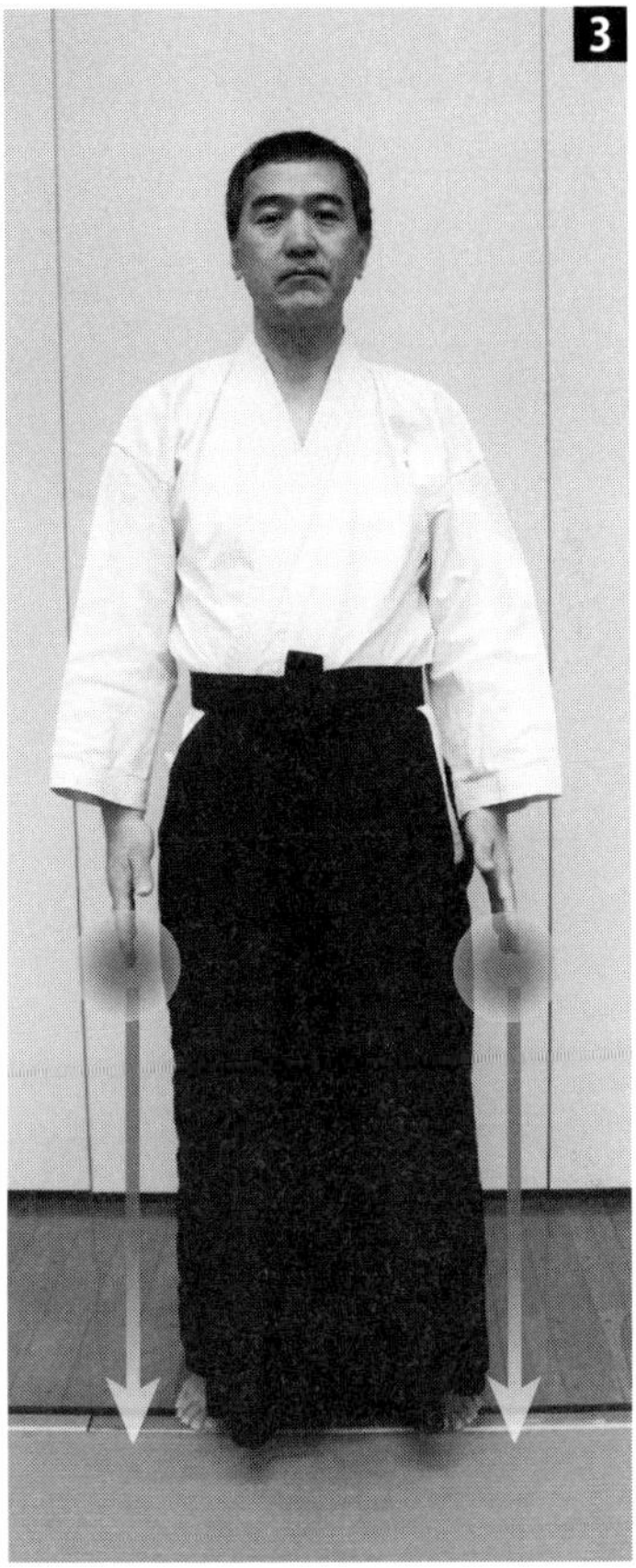

います。これは縦方向（上下方向）の動きに特化させたからです。
そして「伸張力基礎訓練法」で重要なことは、指先を糸に引かれるというイメージによって「筋肉の伸び」が働き、他動的に腕が動いていくことで、自分で動かしているという感覚を消すことです。
もちろん実際は自分の筋肉によって動いているわけですが、可能な限りリラックスして、自分が動かしているのではなく、指先が糸に引かれて動くので仕方なく腕もついていくという感じにします。自分で動かしているという力みの感覚があると、実際に相手に掴まれた時、それがすぐに伝わってしまいます。戦いにおいては、こちらの情報は可能な限り与えないほうが有利なのは当然ですが、それは個々の技においても同様なのです。■

3

第4章

「伸筋制御運動」による「合気上げ」

佐川幸義宗範と後継者問題

本書の第1章で、吉丸慶雪先生が佐川幸義先生に「養子に入って佐川家を継がないか」と誘われていたことを書きましたが、実はあえて伏せていたことがあります。

それは「養子に入る条件」です。佐川先生にとって、佐川家を継がせるということは正伝大東流合気武術を継がせるということと同等であったようです。それで「養子に入る条件」をあえて伏せておいたのですが、吉丸先生がなぜ『合気解明』をライフワークにしていたかとも関係していますので、本書にて公開したいと思います。

この事実は、かつて警察などの講習会において圧倒的に強い武術者として恐れられていた佐川先生が、戦後に日比谷公会堂において演武会を開催し、昭和30年には道場を造り、さらには入門案内書まで作りながら、その後なぜか普及を断念し、一介の町道場の道場主に甘んじていたのか？　という謎とも少なからず関係しています。

それは「後継者問題」です。佐川先生はいい意味で技術屋で、技を非常に大事にしていました。その技を継ぐものがいなければ、いくら自分の代で組織を作っても仕方のないことです。

大東流というのは様々な術理を含んだ武術で、その技法も膨大です。やってみれば非常に面白いのですが、基本的に秘密主義のため、なかなかその全体像がつかめません。そのせいか、大東流の上達には時間がかかります。

その上、佐川先生の佐川派大東流は型がキッチリ決まっていて、体捌き、足捌き、手捌きに加え、力まず崩す手順等が非常に厳格なのです。吉丸先生も佐川先生に「ダメだ、ダメだ」と言われ続けて、「まあ、まあ」と言われるまでに十年もかかりました。

それはどうしてかというと、佐川先生は「ダメだ」と言っても、どこがどうダメなのか、何を直せばよいのかといったことは一切教えなかったからです。ただひたすら佐川先生が技をやるのを見て、真似をして覚えていくという一昔前の指導法で、才能と努力を要求されるものだったのです。

それでも十年もやれば、他の人から見ると、その型の素晴らしさや実戦力も分かるようで、佐川先生の弟の廣(ひろし)氏が吉丸先生の稽古を見て「吉丸さんもなかなかやるのではないか」と佐川先生に言われたそうです。

また、日本武道傳骨法會の堀辺正史創始師範が、佐川道場で吉丸先生の指導を受けた後の帰宅の途中、「これだけ技ができるのだから、独立する気はないのか？」という主旨のことを聞いてきたこともあったようです。

佐川派
大東流合気柔術
「崩しの手順」

相手に襟を掴まれた時（①）、捕り手へ左手刀を添えると同時に、胸をわずかに突き出して挟み込む。そのまま斜め後方へ一歩移動し、体重移動を利用して崩しをかける（②）。次に相手の右腕の付け根付近に右小手で微かに圧をかけ（③）、二度の崩しでバランスを失った相手をそのまま投げ倒す（④⑤）。佐川派大東流は厳格な崩しの手順が存在する。

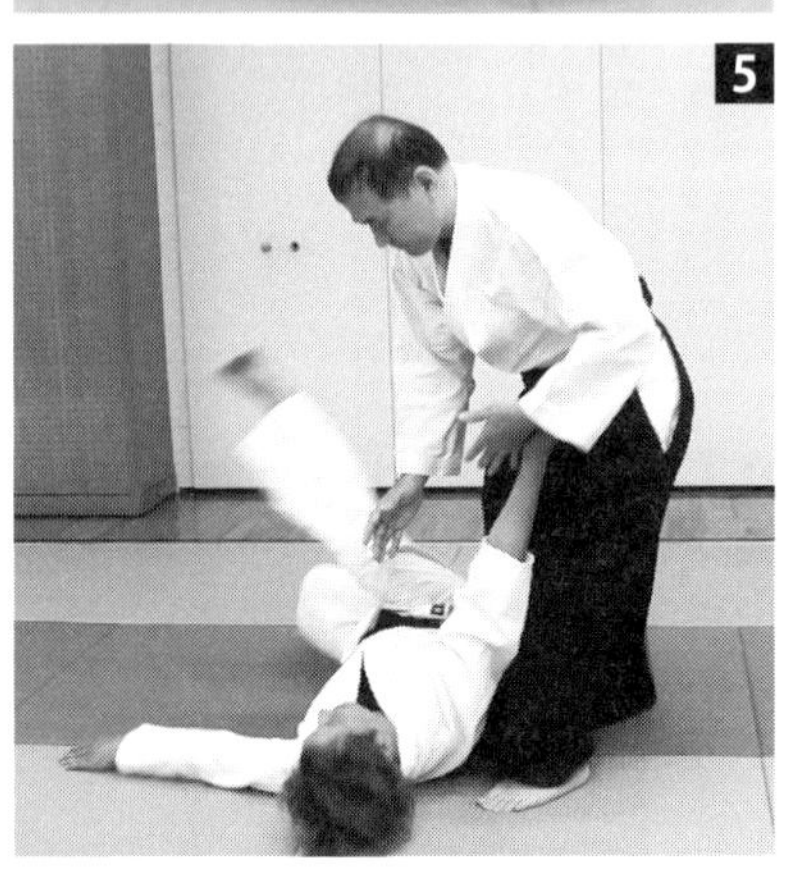

佐川家の「養子の条件」から合気解明への切り替え

では佐川先生が吉丸先生に出してきた「養子の条件」とはどのような内容だったのかというと、主なことは次の2点でした。

①「佐川家に養子に入れば大東流の全伝は無論、合気をできるように教える」

②「実は既に結婚相手として、佐川家の血縁筋の女性を決めてある」

この話を聞いて、吉丸先生は相当驚いたそうです。現代の感覚なら、返事をする前に「結婚相手を決めてある」と言われたことに驚くと思うのですが、当時は結婚相手を親が決めるのは珍しくなかったためか、吉丸先生が驚いたのは「合気をできるように教えることができる」ということでした。

養子の話があった頃の吉丸先生は「合気は佐川先生しかできない」と思考停止していたのですが、佐川先生自身に「合気をできるように教える」と言われたことにより、「合気を解明すれば教えることができる」と思考が切り替わったのでした。

とはいえ、思考が切り替わったからといって、合気解明がすぐにできるはずもなく、佐川道場在籍時は合気解明には至りませんでした。

その頃の佐川先生は昔の人らしく、合気は身内でなければ教えないと決めていたようです。もし身内が継ぐのでなければ、途絶えても仕方がないと考えていたのかもしれません。

そのせいか、武田惣角先生の「柔術は教えるが合気は教えない」と同様に、佐川先生は道場では「合気は才能のある者でも絶対にできない」とか「教えてもできない」と言っていて、吉丸先生も「合気は佐川先生しかできない」と思考停止していたのでした。

結局、養子の話は吉丸家の嫡男であり唯一の男子であったことから、すぐお断りしたそうです。佐川先生の性格を知り抜いていた吉丸先生は、返事を遅らせると佐川先生が話を進めてしまい、結果的に断れなくなってしまうことを分かっていたからです。

資産家である佐川先生にとって、単に家を継ぐだけの養子であれば、捜せばすぐ見つかったと思います。しかし、大東流を継ぐだけの武才があり、ご子息の敬行（よしゆき）氏とも仲良くやれる吉丸先生は、佐川先生の目に理想の後継者に映っていたのではないでしょうか。

ですが、その後、佐川道場を辞めることになる二年位前から、吉丸先生の苦労が始まります。それは半端なものではなかったようです。

なにしろ仕事をやめて収入ゼロの上、佐川先生の奥様が亡くなられるまで面倒を見た後、まだ諸々のことが落ち着かないうちに大東合気武術協会を設立することになります。

そして、その大東合気武術協会の要である大東流伝合気道の運営が軌道に乗る前に解散を強いられます。それで佐川道場を辞め、大東合気武術協会が解散になってしまったお詫びに、堀辺師範の換骨拳の立ち上げを手伝い、道場が軌道に乗ったところを見極めてから、そこを離れることになります。その後、糊口（ここう）をしのぐため、現場労働者・解体屋・ガードマンなど最低の日給で日雇い労働など続けて、しかも母親に仕送りをしていました。

このような事情で、吉丸先生は自分一人が生きていくのに精一杯で家庭を持つことができなかったそうです。その結果、吉丸家は途絶えてしまったわけです。佐川家も敬行氏が亡くなられたことで途絶えてしまったわけですが、吉丸先生の養子の話の歯車がうまく噛み合っていればと残念でなりません。

合気上げの基礎となる座法・手の開き・脇の締め

さて、本章では吉丸先生が佐川先生に最初に教えてもらった「合気上げ」のやり方を発表します。

まず、お互いに正座して向き合い、片方が両手で相手の両手首を掴み、下に押さえつけます。対して、押さえつけられた方がやることは、①両手を開く ②脇

を軽く締める ③両手を上に上げる。最初に教えてもらえるのは、これだけです。あとは本人の努力と工夫に一任されます。

正直、これだけで何の工夫もせずにただ形を繰り返すだけでは、力の強い相手に押さえられた両手を上げることは不可能に近いです。だからこそ、合気上げを成功させるために様々なポイントがあるわけです。

ある時、吉丸先生が佐川先生の合気上げを徹底観察し、手の開き方から上げ方までそっくり真似して「これぞ佐川先生の合気上げ」と自信満々に披露したところ、佐川先生に「ダメだ」と一蹴されたそうです。外見だけ真似しても中身（集力や筋肉の働かし方）が伴わなければ無意味ということです。

それではまず、座り方から解説していきます。正しく座るには正しく立つ必要があります。正しく立つとは頭を浮かせるようにして、後は骨格構造だけで体を支えて立つということです。

この姿勢のまま、片足を後ろに引いて膝を折り、座ります。この時、足は重ねません。親趾（おやゆび）くらいはかまいませんが、足を深く重ねると身体が傾くことと、咄嗟の際に下になった足の方から動くことができないからです。両膝の開きは拳２～３個分とします。座ったとき、両肩が落ちて両掌を太腿の膝近くに置きます。

こういう座り方をすることで、力が抜けて統一体に近づき、正中線が立ちやすくなります。同時に下丹田に力が集まってきます。決して自分から腹に力を入れてはいけません。

本来、大東流に座り方の作法はなく、武田惣角先生は部屋に入ってくると自然に座っていたそうですが、それはすでに統一体ができていたからです。

次に手の開き方の解説です。手をやわらかく開き、朝顔の花手型を作ります。それは平手から親指、薬指、小指を内に入れた手の形です。そして、指先に意識と力を集中させ、五指がフワリと伸びています（これが伸張力！）。

佐川幸義先生は「合気の手は山吹の花のように開く」と言われていました。手型を武田惣角先生は朝顔の花にたとえ、佐川幸義先生は山吹の花にたとえるの

座法

まずはなるべく力を抜き、骨の積み木を積み上げるように骨格構造だけで楽に立つ（①）。ここから右足をスッと後ろに引き（②）、そのまま重力に身を任せるように右膝から自然に座る（③）。膝と膝の間は拳2～3個分、腕はリラックスして肩を落とし、手は開いて膝の近くに置く（④）。この時、足は重ねず座るようにする。

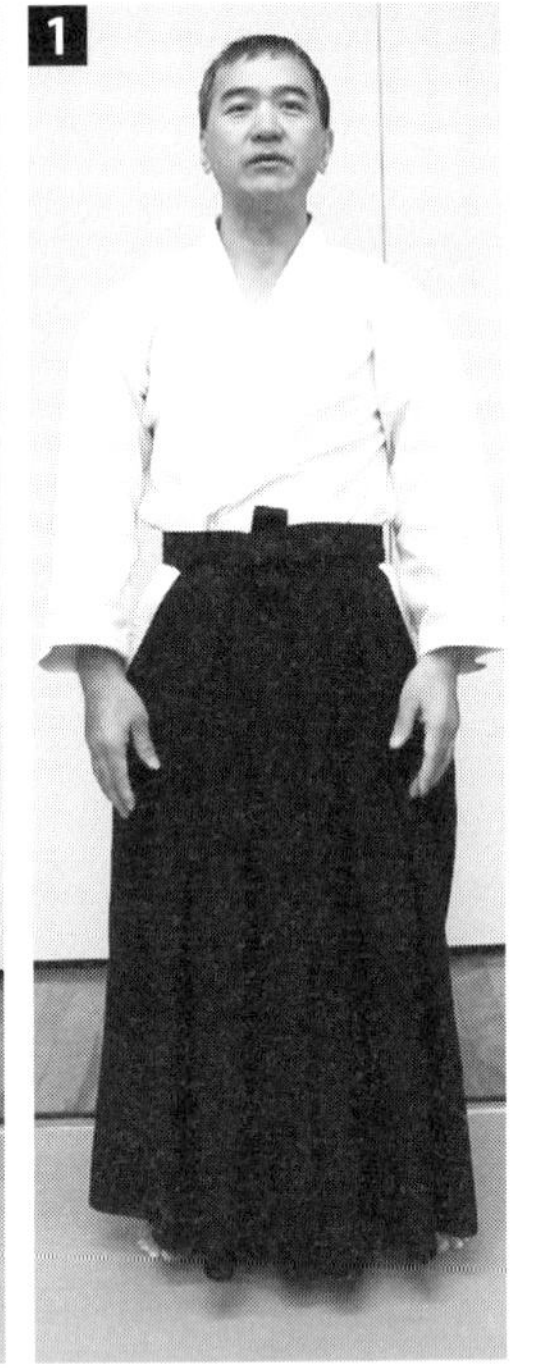

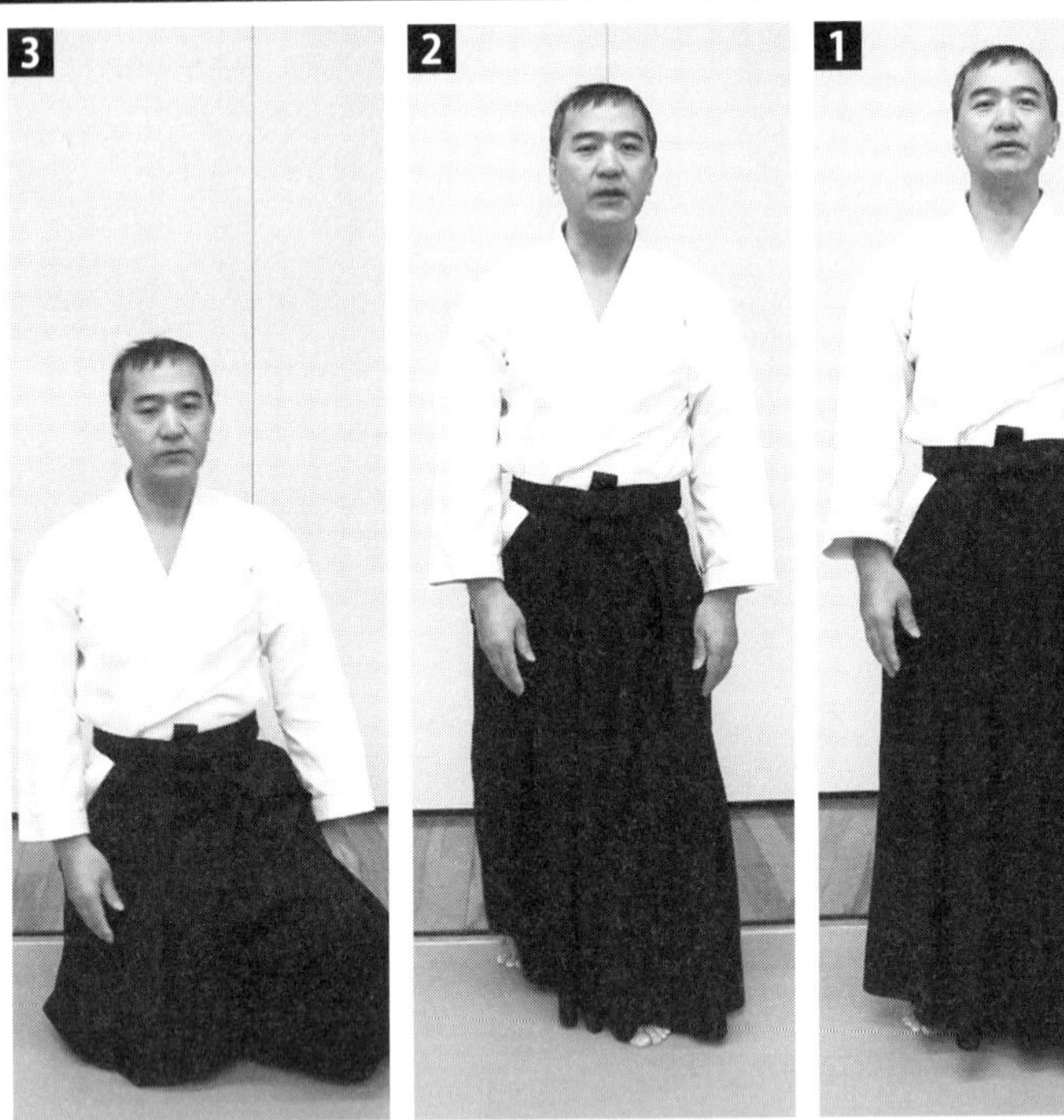

朝顔（山吹）の花手型

平手（①）から親指、薬指、小指を内に入れ（②）、五指がフワリと伸びる「伸張力」を備えた『花手型』をつくる（③）。武田惣角はこの手型を「朝顔」に、佐川宗範は「山吹」にたとえた。やわらかく強靭な合気の手だ。

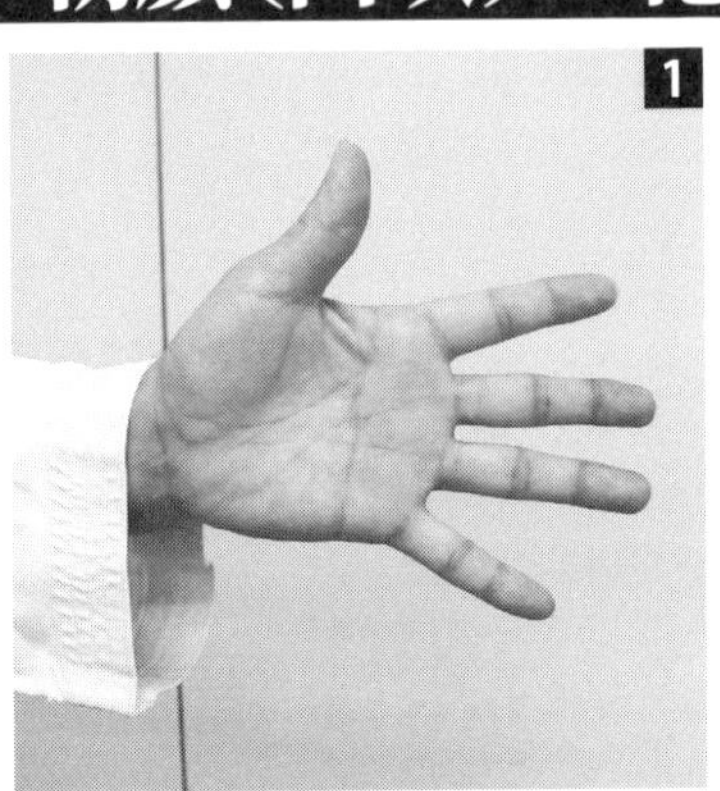

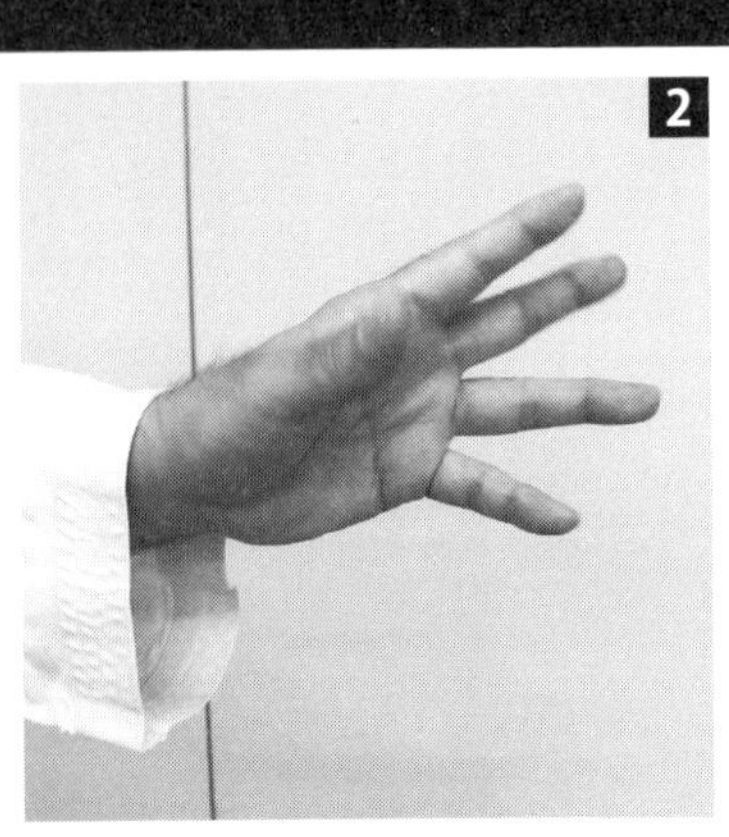

は、無駄な力みのない活きた手を表現しているからです。

かつて、武田惣角先生は聞かれて「ただ開いた手は合気でない」と答えています。手の開き方は「合気の手」を創り上げるのに重要な要素ですから、よくよく研究してください。

三つ目は脇の締め方です。肩を落とし両脇を軽く締めます。締める強さは脇に紙一枚を挟み、それを落とさず、かつ破らない程度にします。

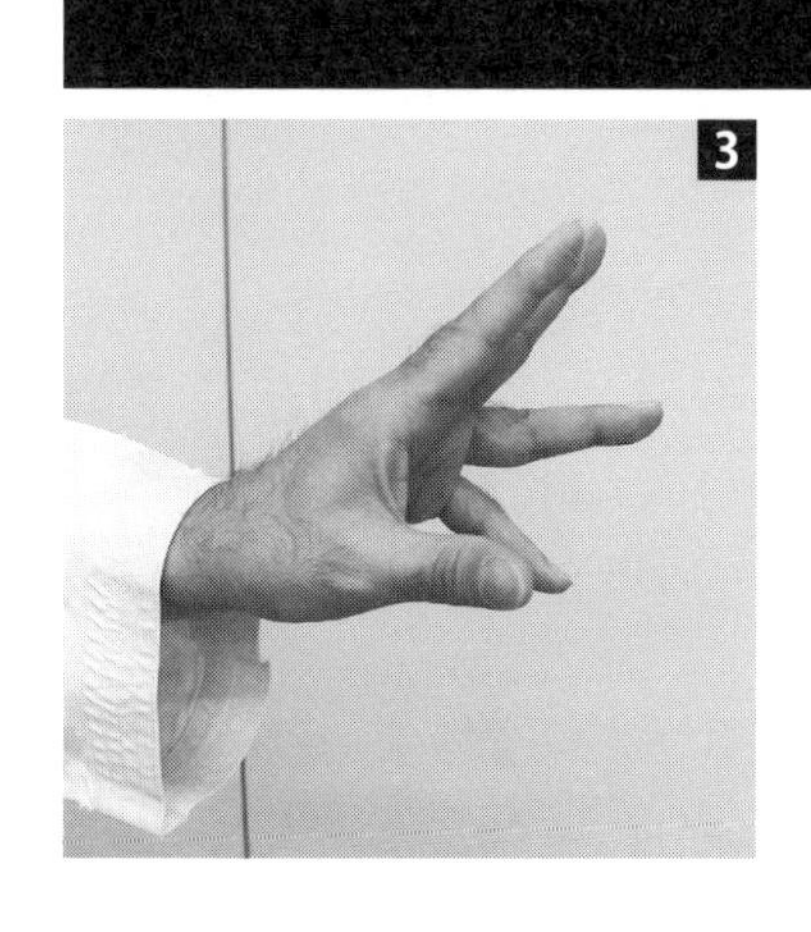

指先から動いて力を出す「伸筋制御運動」の合気上げ

ここからは、基本の合気上げにおける手の上げ方です。佐川先生は吉丸先生に教える際、はじめは「肘から先に集力する」と言いましたが、次に「小手から先に集力する」と教え、最終的に「指に集力し、それを器用に動かす」と指導されました。

これは用心深かった佐川先生が吉丸先生への信頼度

伸筋制御運動による合気上げ

相手が両手を押さえてきたら（①）、まずは手を花手型にしてフワッと開く。続けて、脇を紙一枚挟むような感覚で軽く締める（②）。ここから両手の指先に意識と力を集中させ、剣を振り上げるように一気に上げる（③）。相手に両手を強く押さえられていても、指先は自由であり、ここを始点とした伸筋制御運動が合気上げの鍵となる。

が増すにつれ、徐々に本当のことを教えるようになったためだろうと思っています。

「指先に集力し、指先から動く」こと。これは前章の『伸張力基礎訓練法』でやったように、指先から糸に引かれるように動きます。これによって、指先に力が流れるような感覚が生じます。そして、相手が力を加えてくることに絶対に抵抗してはいけません。

また、肩、肘、手首など関節部に力を入れると、そこで力の流れが止まってしまいますので、くれぐれも注意してください。相手はこちらの手首を押さえてはいますが、指先は押さえていないのですか

五指がイメージの糸に引かれ、「指先から動く」のが伸筋制御運動のポイントだ。

ら、力みがなければスルスルと動くことができます。
　基本の合気上げは「筋肉の伸び」を意識した伸筋制御運動による最もシンプルなものです。シンプルであるからこそ、身につけやすく地力がつきます。　■

第5章 円滑運動と球転の合気

重量挙げと合気上げに共通する『技術』の極み

先日、たまたま某ニュース番組を見ていたところ、女子重量挙げの三宅宏実選手の特集をやっていました。その中で、非常に驚かされることがありました。

三宅宏実選手は腰を痛めたことで、本当は練習を休まなければいけないところを、休みたくない一心から重量挙げ初心者がフォームを覚えるためにやる1キロの鉄パイプを挙げる練習を始めたそうです。ところが腰が良くなり100キロものバーベルを持ち上げられるようになった現在でも、懸命に1キロの鉄パイプを挙げる練習を繰り返していました。

その理由を聞かれて、元オリンピックメダリストで父親の三宅義行氏がこのように答えたのです。

「１００キロのバーベルの重さが普通は１００キロに感じるんだけど、本当に理にかなって理想の『フォーム』と『技術』であげた時には重さを感じない、全く感じない、重くないんです」

つまり、重量挙げのような人間の持ち上げられる重さの限界を競う世界でも、『技術』を極めればバーベルの重さを感じないという、その人間の限界を超える現象が起きるということです。これは剛と柔の違いはありますが、合気上げの極意と全く一緒です。

合気上げでは『姿勢』と『技術』が極まった時、相手の力と重さが消えてしまい、まるで相手がペラペラの紙切れ一枚になったかのように感じます。やはり、三宅義行氏が言われるように相手の力と重さを感じないのです。

合気上げで相手に両手を掴まれて押さえつけられた時には相手の力と重さを感じているのですが、自らの両手をフワリと開いた瞬間に相手の力と重さが消えてしまうんです。本当に不思議ですが事実です。

私はこの番組を見るまでは、合気上げで相手の力と重さが消えてしまう現象というのは相手が有機体である人間だからこそであり、無機物である物に対しては起こらないと思っていました。しかも１００キロのバーベルの重さが消えるというのですから驚きです。この番組を見て、どの世界でも「技術」を追求していくと奥深く不思議な世界が開いてくるんだなということに気付かされました。

しかし考えてみれば、合気剣術の二刀剣術では片手に1キロくらいある刀を持ちますが、その刀の重さを消して感じないように自在に振るわけですから、１００キロの無機物でも、重さを消して自在に動かす技術があっても不思議ではないかもしれません。

合気とは相手の力と重さを無効化する体の技術である

佐川幸義先生は「合気とは無力化すること」と言われていましたが、私は「合気とは力と重さを無効化すること」と言っています。私は平成16年2月22日に「合気の悟り」を得たのですが、その間もない5月に

佐川派大東流『合気二刀剣術』

門外不出の極秘伝である、佐川派大東流『合気二刀剣術』の一部動作を特別に公開。

合気錬体会は合気講習会を開催することになりました。

　参加者たちは今までの吉丸慶雪先生の講習会に参加したことのある方々で、常連の人も多かったと思います。その中で、終わりの30分を使って「合気初秘伝」を吉丸先生に代わって私が教えることになったのですが、当時の合気錬体会の指導員ですらなかった私が急に講師として出てきたことで、不安からか参加者たちがざわつきました。

　私は、参加者たちも何処の馬の骨だか分からない奴に習うのはやはり不安だろうと思い、参加者たちの中で一番体格がよく力も強い方に出てもらって、座捕りで「合気上げ」をやることにしました。この方は、講習中もちょっと力を入れると誰も技を掛けることができずにいた方です。本人もそれをよく知っていて、講習中は相手に合わせてあげていました。

　私が彼に遠慮せずに押さえるように言うと、彼は私の両手をしっかり掴んで押さえてきました。すごい力です。私は頭の中でチラリと「無理かも」と考えたりしましたが、体は勝手に反応して相手に気を合わせ、両手をフワリと開いていました。

　その瞬間、相手が軽くなったのです。両手に掛かっていた相手の力と重さが消えて、この時はまるで軽い羽毛布団を両手首にのせられているかのように感じました。それで安心してゆっくりと上げました。この時にハッキリと「合気とは相手の力と重さを無効化する体の技術だ」と、心の奥底から理解することができました。

円滑運動＆〝くっつける〟技術

　基本の合気上げにおいて手の上げ方というのは最重要ですので、前章の説明が足りなかったところを補足します。

　両手をフワリと開いて脇を軽く締めたら両手を上げていくのですが、その上げ方は両手を離して行う剣の振り上げ動作のイメージで上げます。

　まず押さえられた両小手を外旋して掌を向き合わせます。小手を縦にした状態です。手首はなるべく真っ

合気上げの上級編
『円滑運動』

押さえられた状態から、両手をフワリと開いて脇を軽く締め、指先から円を描くように上げていく（①）。動きはじめは肘を中心とした円滑運動で（②）、上げ手の位置が高くなり、相手の押さえる圧力が強くなるあたりから肩中心へと移行する（③）。肩中心の円滑運動というのは肘を少し前へ出すが、あくまで少しであり、出しすぎないように気をつける。最後に、振り上げ動作の終了として指先をこめかみに向けて、合気上げを完了する（④）。

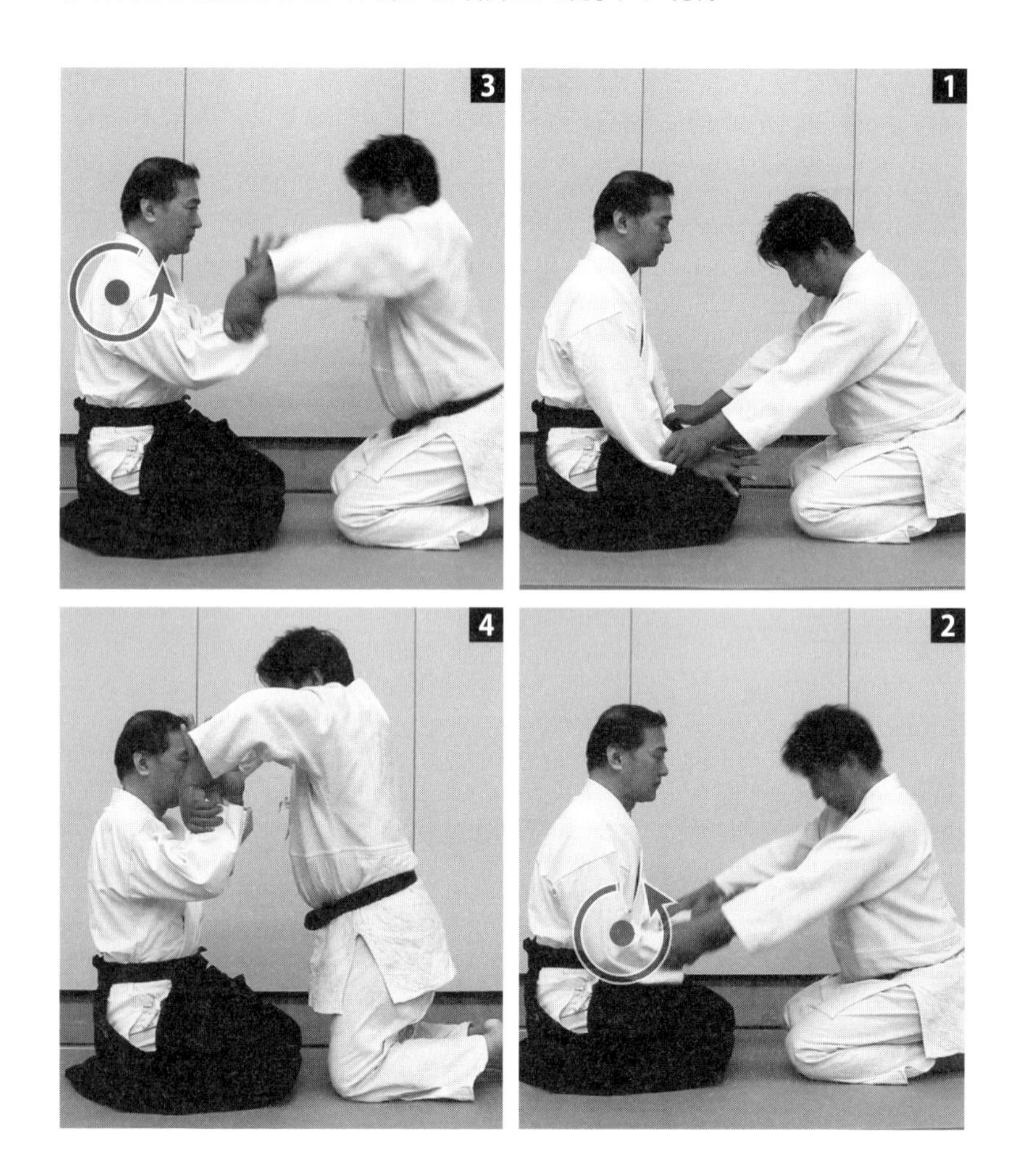

“くっつける”技術

肩中心の円滑運動の際、前腕を少し内旋させ、相手の親指を自分の小手に絡めて“くっつける”ことで、手を外し難くさせることができる（①②）。佐川宗範曰く「くっつけるだけでも合気である」。

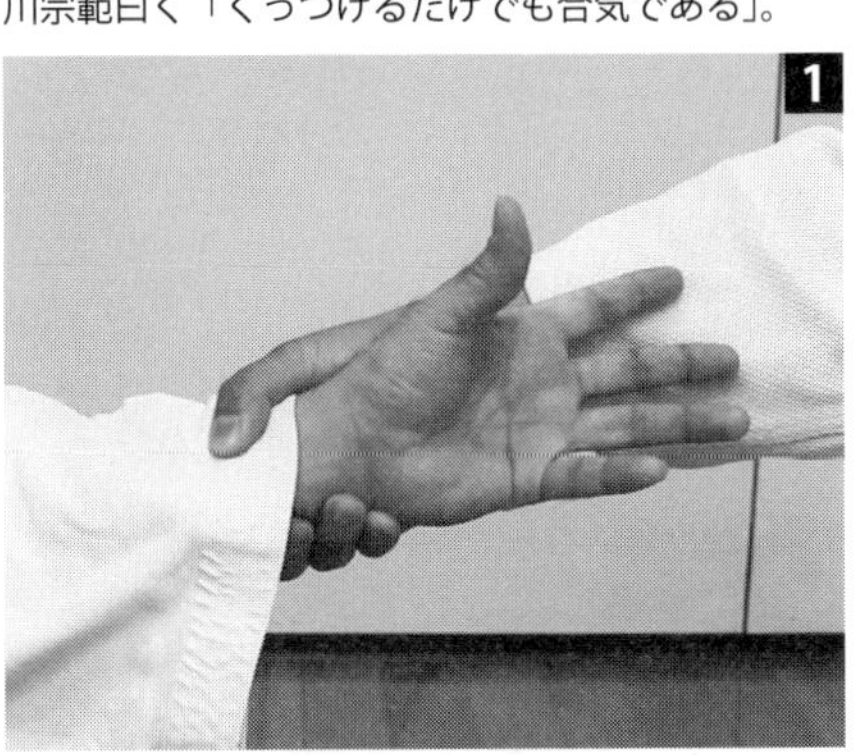

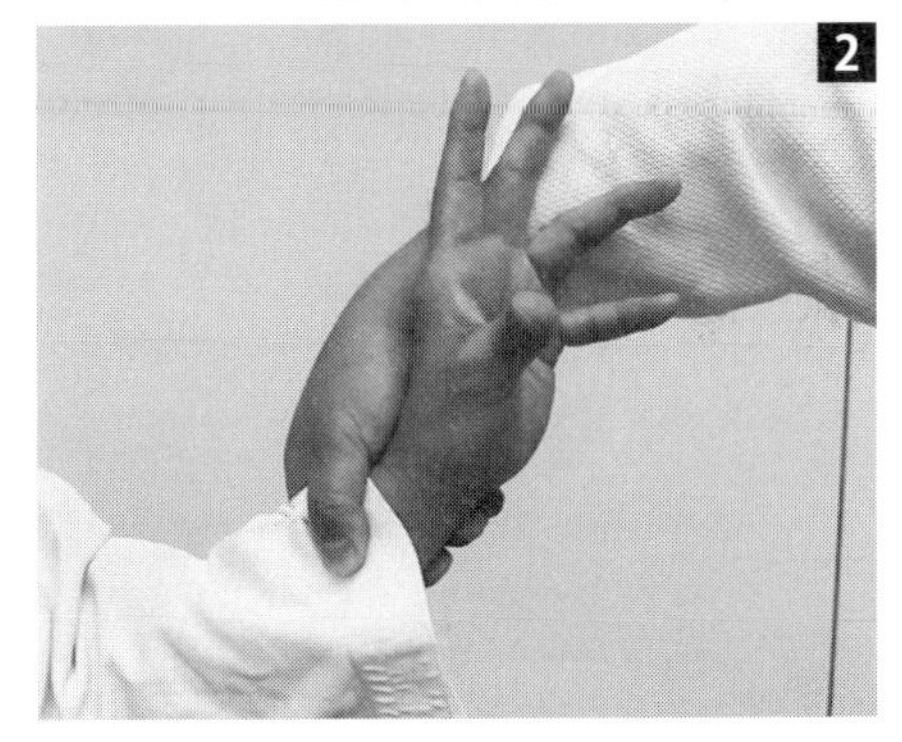

直ぐに、指先から円を描くように上げます。この時、素手故に実際の剣の振り上げ動作よりも心持ち小さい円を描きます。

　最初の動きは肘中心の円滑運動で、相手の押さえる圧力が高くなるあたりから肩中心へと移行します。ここで言う『円滑運動』というのは吉丸先生の造語で、ぶつかりがなく滑らかに動く円運動のことです。肩中心の時は肘を少し前へ出すのですが、あくまで少しであり、出しすぎないように気をつけます。最後に、振り上げ動作の終了として指先をこめかみに向けます。

　これらの動作に慣れたら、さらに上級の動きを追加します。肩中心の円滑運動の際に前腕を少し内旋させます。これにより相手の親指を小手に絡めて、手を外し難くさせることができます。

　これは相手の手を自分の手にくっつける技術の初歩です。佐川先生は「くっつけるだけでも合気である」と言われており、重要な技術ですので、よくよく稽古し研究する必要があります。

基本型

合気上げからの倒し方

合気上げの状態から（①）、右手を腰に引き、左手で相手の肩を攻め（②）、相手の体がひっくり返るようにして倒す（③）。

ポイントは手を自分の腰のところに引く時、相手の体を支えているつっかえ棒を外す要領で手をもっていくこと。

球転の合気

同じく合気上げの状態から（①）、両手を大きな球を持ったイメージで廻し（②）、相手を転がすようにして倒す（③）。これは〝珠の合気〟や〝球転の合気〟といわれる、合気投げの基礎の動きである。

珠の合気・球転の合気

それでは合気上げ基本型の最後として、手を上げてからの相手の倒し方を２つ解説していきます。両手が上がった時点で相手は力が入りませんので、難しくありません。

まず、もっとも基本的な相手の倒し方は、片方の手を腰に引き、片方の手で相手の肩を攻めて、相手の体がひっくり返るようにして倒す技です。

ポイントは片方の手を自分の腰のところに引く時、相手の体を支えているつっかえ棒を外す要領で手をもっていくことです。相手を上手く倒せないのは、手を腰に引く際にわざわざ相手の体を支えてしまっているからです。

もう一つの倒し方は、大きな球を持ったイメージで両手を廻し、相手を転がすように倒します。これは〝珠(たま)の合気〟とか〝球転の合気〟といわれる合気投げの基礎の動きであり、よくよく修練しておく必要があります。

合気之錬体の創り方

次に基本の合気上げのレベルを徐々に上げていくため、合気之錬体を創り上げていきます。本来は合気上げを鍛錬法として繰り返すことで、武術統一体である合気之錬体を創り上げていくのですが、普通にやっていますと相当の年月を要します。特に最初に力み癖をつけてしまうと、とんでもなく遠回りをすることになります。大東流や合気道など柔を主体とする武術では力み癖が最大の禁忌だからです。そして、体から無駄な力みを取り去ることは非常に難しいのです。なぜなら人は認知できる力みしか抜くことができないからです。多くの人は自分が力んでいることに気づいてもいません。

たとえばコップを持ち上げるだけの動作にしても、コップを支えるに足るだけの力で触れ、コップの重さを持ち上げるに足る力を使い、スーッと持ち上げればよいのに、ほとんどの人は必要以上に無駄な力を使って持ち上げています。しかし、そのことに気づいている人はほとんどいません。私に指摘されて、実際に必要最低限の力を意識してコップを持ってもらうと、「今までなんて無駄な力を使っていたんだろう」と皆さん言われます。

また、通行中の人を観察していると、さほど重くなさそうな袋をぶら下げて歩いている人でも、力を抜いて腕を伸ばし、指先に引っ掛けて持てばよいのに、わざわざがっちり掴み、しかも少し持ち上げて持って歩いている人がいます。私は無駄な力みだなあと思うのですが、その本人は力んでいるとは露ほども思ってい

“力み”テスト

まず、前方に真っ直ぐ伸ばした片手に力を入れて握り拳を作ってもらう(①)。次に「力を抜いてください」と指示すると、ほとんどの人が握り拳を緩めて手首から先をぶらっとさせるだけ。これは、片腕を前に差し出している力を力として認知していないため(②)。腕全体の力を抜けば、手は柔らかく下に落ちるはずである(③)。

ないでしょう。小さい時から成長の過程で身についた癖ですから、それが自分にとって当たり前になってしまっているからです。

以前、『月刊秘伝』特集でフォーカスした〝触れ合気〟を稽古した際も、練習生が腕の力みから相手の手がくっつけられなかったり、相手が倒れようとするところを、わざわざ反対の腕の力みで支えてしまうということがありました。私に指摘されるまで、皆、その力みに気がつかないのです。

私が合気之錬体レベルが上がる度に強く思うことは、今まで気づかなかったが、こんなところが力んでいたのかと感じさせられることです。自分で認知できない無意識レベルの力みというのは、本当に抜くことが難しいのです。

柔の武術統一体を創り上げる際、力みが禁忌だということを話してきましたが、もう一つ重要なことがあります。それは体に芯を造っていくことです。

佐川派大東流が体を鍛えるのは、体に芯を造るためです。合気上げの本来の名称が、「上げ手鍛錬法」であることを忘れてはなりません。佐川先生の口伝に「上げ手は体を作るのに最重要である」「結局体ができなければ教えてもできない。体を作ることが問題である」とあります。上達していくためには、強さと柔らかさを兼ね備えた、それでいて力まない体作りが必要です。

■

第6章

「受動力強化法」と「丹田養成法」

剣の理合をベースとした大東流の戦闘スタイル

　せっかく大東流を学ぼうと入門しても、「合気上げ」が上達できず挫折して辞めてしまう人や、そのコツがつかめず低レベルで甘んじている人が多数いると聞いたことがあります。大東流は「合気上げ」で、ある程度力と体ができてきてからが面白いのに、もったいない話です。それに「合気上げ」は基本であり極意でもありますが、別に合気上げという「技」で身を守ったり戦ったりするわけではありません。

　たとえば、暴漢がわざわざ手首をつかみに来る確率はかなり低いでしょう。たいていは棒やナイフ・包丁などの武器を用意していると考えるのが自然です。ニュースなどを見ても、突然ナイフで通り魔的に襲われるケースが多いように感じます。襲われた、その瞬間に致命傷を避ける体捌きができることが重要なのです。だから、佐川派大東流では足捌きを重視しているのです。

ところが「合気上げ」は技ではなく鍛錬法であるため、わざわざ足捌きを封じています。このことからも「合気上げ」だけでなく、身を守って戦うための技は足捌きを含めてキチンと修練しておく必要があるのです。

大東流や合気道を始めた人は、せっかくやるのなら護身術になりえるものをと考えて始めた人も多いと思います。

ところが、講習会に参加してきた方から「大東流（または合気道）をやっていますが、戦い方がわかりません。どうやって習った技を使えばよいのでしょうか？」といった質問がたまにあります。これは「大東流と合気道は剣の理合である」という根本的な所が理解できていないからだと思われます。格闘技とは明白に違います。まず技の成り立ちを理解しなければなりません。

大東流合気柔術、合気道ともに名称に合気（アイキ）という言葉が使われていますが、「アイキ（合気、相機、相気）」という言葉はもともと剣術の用語です。このことからも、剣術をベースにした体術（柔術）が大東流であり合気道だと錬体会では考えます。

つまり、大東流・合気道の表芸は本来「剣術」であり、その裏芸が「柔術」となるわけです。そのため、「柔術」においても相手は何らかの武器（短刀等）を持っていることが戦いの前提にあるわけです。だからこそ、大東流や合気道は相手の利き手を押さえるところから技が始まっているわけです。まずここを理解しなければいけません。

次に戦術的には「後の先」をとることが大事です。ところが「後の先」というのは消極的に相手が攻撃してくるのを待っていることだと勘違いしている人が多いです。実際は、常に先手を取れる状態から、あえて「後の先」を取っているのです。

最後に「間合い」が重要です。これも「距離感」と

佐川派
大東流合気柔術
「短刀捕り」

短刀を手にした相手に対する（①）。なお、この時点で既に先手を取れる状態にある。腹部への突き込みを体捌きでかわすと同時に左手で短刀を持った利き手を捕り、右掌で顎を打ち上げる（②）。そのまま右掌から顎に下方へ圧力を掛けて相手を床に叩きつけ（③④）、肋骨に踏み蹴りを入れてとどめ（⑤）。捕らえた相手の利き手は最後まで保持しておくこと。

「間合い」を勘違いしている人が多いです。「間合い」というのは、相手からは遠く自分からは近くにとる必要があります。

最低でもこれらを理解する必要があります。理解しなくても、普段の稽古の中で自然と身につけておく必要があります。これらが身についてくれば、大東流と合気道の戦闘スタイルは自ずから分かると思います。佐川幸義先生は大東流の戦いにおいて大事なことは、「一に目、二に足、三に技」と言われていました。私はこれらに加えて「平常心」が最も大事だと思います。

力を抜いて相手の力を受け止める「受動力」

さて、本章では「合気上げ」に必要な合気之錬体のレベルを上げる稽古方法を解説していきます。

本来は伸筋制御運動による基本の合気上げを覚えたら、ただひたすらに基本の合気上げを繰り返すことで武術に必要な力と体を創り上げていくのですが、これだと才能のある人でも上達に年月がかかってしまいます。そこで、皆さんが短期間にレベルを上げることができるようにいくつかの極意を紹介します。ここからは合気技法とも関連しますので、感覚とイメージが重要なポイントになってきます。

まず関節（特に腕）の「受動力」を強化しましょう。受動力という言葉を初めて聞くと思いますが、錬体会では力を抜いて相手の力を受け止める力のことを受動力と呼称しています。主に関節部の靭帯の働きであり、靭帯は一度強化してしまえば、筋肉と違って高齢になっても衰えにくいようです。

例えば肘関節を固定する際、筋肉に力を入れて固めても意外と脆いですが、力を抜いて靭帯に任せてしまうと驚くほどの強さを発揮します。ただ、使い方にちょっとしたコツが必要なのです。

それはリラックスして筋肉の力を抜き、イメージを使うことです。心理的には「相手の力に反応しない」「反発しない」「積極的にリラックスする」といったことが求められます。相手が思い切り力を入れて、こっちの肘関節を曲げようとしても伸ばそうとしてきても、力を抜いて受け止める覚悟が必要です。それでは、肘関節の受動力を強化する稽古方法を解説します。

「曲がらない腕」と「伸びない腕」

最初に「曲がらない腕」を解説します。これは有名なので知っている方も多いと思います。まず腕の力を抜いて、指先と肘関節を伸ばします。次にその腕を相手の肩に掛け、その状態で相手には両手を自分の肘関節部にかけてもらい、思い切り肘関節を曲げるように力を入れてもらうのです。

この時、自分はリラックスして、どこまでも指先が真っ直ぐ伸びていくイメージを強く持つことが大事です。実際にやってもらうと力を入れて頑張るより、リラックスして受動力に任せた方が何倍も強い力に耐えられるし自分も楽であることが分かると思います。

さらに、本当に上手くできているかのチェック法があります。その方法は、相手に加えている力を急に抜いてもらうことです。すると、筋肉の力で頑張っている場合は反動が大きくでます。しかし、本当にリラックスして力みがなければ反動は小さいです。無意識に力が入ってしまっている場合がありますので、ぜひやってみてください。

次に、「伸びない腕」を解説します。まず腕の力を抜き、指先を伸ばして肘関節を90度に曲げます。次にその状態で相手には片手を自分の肩に当てさせて、もう片手は手首を持ってもらい、思い切り自分の腕を伸ばすように力を入れてもらいます。

この時、自分はリラックスして、腕の中の力の流れが指先から出て、円(まる)く渦を巻いて肩に入り、グルグルと循環するイメージを強く持つことが大事です。これも実際にやってもらうと力を入れて頑張るより、リラックスして受動力に任せた方が何倍も強い力に耐えられるし、自分も楽であることが分かると思います。これも「曲がらない腕」と同じ方法でチェックができます。

受動力強化法

力を抜き、指先と肘関節を伸ばす。腕を相手の肩に掛け、肘関節を曲げるよう力を入れてもらう。どこまでも指先が真っ直ぐ伸びていくイメージを強く持てば腕は曲がらない（写真上）。無駄な力みがあると、相手が力を抜いた瞬間、反動が強く出てしまう（写真左）。

受動力強化法

リラックスして指先を伸ばし、肘関節を90度に曲げる。相手には思い切り自分の腕を伸ばすように力を入れてもらう。腕の中の力の流れが、指先から円く循環するイメージを持てば腕は伸びない（写真上）。力みがあると、相手が力を抜いた瞬間、反動が強く出る（写真左）。

相手の力を地球に逃がす

相手が自分に加えてくる力を地球に逃がす技術は応用範囲の広い重要な極意ですが、これにもちょっとしたコツが必要です。それは全身の無駄な力を抜きリラックスすること、どこにも力みのない正しい姿勢をとること、最後に相手の力を自分の内部を通して下へ逃がし、足を通して地球に逃がすという強いイメージを持つことです。

人は力まなければ自然に全身が連動していますから、相手の力を体の内部を通して上手く地球に逃がせるのです。しかし、力むとそこで連動性が途切れることになるので、居つきが生じて相手の力を直に受けてしまうのです。

しかも、小さい頃からの習性で人は無意識に自分の強いところで相手の力を受け止めようとしてしまいます。その代表部位は肩と腰です。力まない訓練を受けていなければ、ほとんどの人は無意識に肩または腰で相手の力を受け止めてしまうのです。

これを防ぐため、まず肩は可能な限り意識的に力を抜き、両腕を下に垂らします。次に腰は正しい生理的湾曲を保つようにします。よく反らし過ぎの人がいますが、これはダメです。逆に年寄りのように丸めている人がいますが、これもダメです。「反らさず丸めず」を心がけてください。そうでないと相手の力に応じて、背骨をゆらゆら揺らすことができないからです。

腰の反らし過ぎも丸め過ぎも腰椎の可動域を狭めてしまいます。力を抜き、背骨をゆらゆら揺らすことで自分の体の中を通して相手の力を地球に逃がすことが可能になりますし、その後の上達もかなり期待できます。

相手の力を上手く地球に逃がすことができてるかのチェック法として、まず自分が正座し、相手に後ろから両肩を強く押さえてもらい、立ち上がれないようにしてもらいます。最初は何も考えず、相手の力を肩で受けて普通に立ち上がってみてください。よほどの力や体格の差がない限り、立ち上がることは難しいと思

相手の力を地球に逃がす

正座の状態で後ろから両肩を強く押さえられていても（①）、リラックスしてどこにも力みのない正しい姿勢をとれていれば、相手の力を身体の内側から地球に逃がし、簡単に立ち上がることができる（②③）。

もう一つのチェック法として、正座の状態で相手に前方から両手首を掴んで、股関節ごと押さえて立ち上がれないようにしてもらう（①）。これだと普通なら、相当の筋力や体格の差がない限り、立ち上がることは難しい。しかし、相手の押さえる力を直に受け止めず、上手く地球に逃がしてやれば驚くほど簡単に立ち上がることが可能となる（②③）。

います。

次に相手の押さえる力を地球に逃がしてスーッと立ち上がってみてください。驚くほど簡単に立ち上がることが可能になり、その差は歴然だと思います。

余談ですが、こういったチェック法の立ち上がりができれば、たとえ合気上げの途中に他の人間に突然襲われることがあっても、すばやく立ち上がって対処することが可能になります。

身体内部運動の基点丹田を養成する

丹田とは身体内部の運動の基点となるところであり、体の中心といっても良いと思います。ところが普通の人はこの中心が安定せず、上に上がったり横に外れていたりします。それに丹田を鍛えるというと腹にグイグイ力を入れたりしている人もいますが、健康法としては良くても武術的には居つく原因となるのでマイナスです。

ゆえに、佐川派大東流では腹に積極的に力を入れるようなことはしません。力を入れるのではなく、臍下に自然に力が集まるようにしています。不自然な力は力みとして嫌うのです。

ではこれから、丹田を作るために、臍下に力を集める稽古法を解説します。

まず正座し両膝の間をより広くして、下半身を安定させます。次に上半身の力を積極的に抜き、柔軟に前後左右に大きくゆっくり振ります。倒れるギリギリまで上半身を大きく振ると、バランスをとるために自然と体の中心である丹田に力がまとまってくるのです。これは基点を決めて、わざと不安定に体を使うと、逆に安定しようと力が中心（丹田）に集約されてくるという原理を使っています。正しく丹田ができてくると、当然体が安定します。

それではこれからそのチェック法を解説します。自分はリラックスして自然体で立ち、相手に後ろから力一杯に抱きついてもらいます。そのまま、抱きつかれた状態で座ったり、立ったり、歩いてみます。

丹田が正しくできていると、人一人抱きついた状態でも苦なく安定してスラスラ動けるのが分かると思います。丹田養成法をやる前に一度試しておくと、その違いは明白だと思います。■

丹田養成法

両膝の間を広くして正座し、下半身を安定させる（①）。上半身の力を抜き、柔軟に前後左右に大きくゆっくり振る（②〜⑤）。倒れるギリギリまで上半身を大きく振ると、バランスをとるため自然と体の中心である丹田に力が集まる。

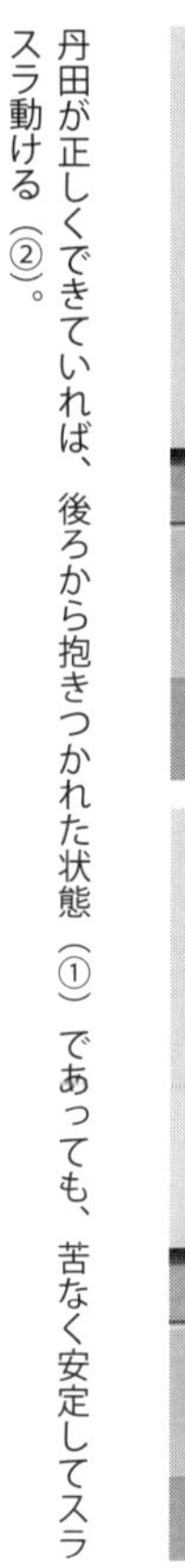
丹田が正しくできていれば、後ろから抱きつかれた状態（①）であっても、苦なく安定してスラスラ動ける（②）。

第7章

「正中線の確立」と「手の感覚強化」

一般的な正中線と合気之錬体の感覚的正中線

本章では「正中線の確立」と「手の感覚の強化」について解説します。本書のテーマである「合気上げ」になぜに「正中線の確立」と「手の感覚の強化」が必要かと申しますと、「合気之錬体」を創り上げる一環であるのはもちろんですが、正中線を確立させることで柔軟で無駄のない動きができ、さらに手の感覚を強化すれば指先への集力が容易になり、器用に指を動かせるようにもなるからです。

一般的な武術の認識として、「正中線」というのは「人の前面と背面の中央を縦に真っ直ぐ通る線」ということを共有していると思います。東洋医学的には気の流れる通り道（経絡）の一つで前面を任脈（にんみゃく）、背面を督脈と呼んでいます。

武術において人体の急所は全身いたるところにありますが、特にこの任脈・督脈に集まっています。そのため、訓練された強い人ほど正確にこのラインを狙ってきます。

しかし、今回私の言う「正中線」はそういった一般的な「正中線」ではなく、「感覚的正中線」とでもいうべきものです。

それは人体の前面にあって相手との間合いを計り、時には軸となり、さらに相手に応じて柔軟に対応するといった、武術的に重要な線です。これが自分の鼻先に真っ直ぐ立っています。これは私が努力鍛錬し工夫して、自分から立てたものではありません。私は「合気之悟り」を得て合気之錬体となったのですが、その後、しばらくしたら自然発生していたものです。

佐川派大東流は空手等の他流と異なり構えらしい構えがほとんどなく、無構え自然体を旨とします。そうすると相手と対峙した際に、大事な頭部のうちで最も相手に近いのは鼻先となるため、まず頭部を守るために鼻先が鋭敏となり、間合いを計るために「感覚的正中線」が自然に立ったものと思われます。

私の場合、「合気之悟り」を得ているためか、先に「技」と「術」ができてしまい、その後に少しずつ理論が分かってくることがままあります。

「距離感」と「間合い」の相違 そして、「武術的間合い」

ここで少し、「距離感」と「間合い」について述べておきます。まず「距離感」ですが、人というのは自然に相手との「距離感」を身につけていますが、これは各自それぞれです。

だから、人と話をしていても相手によって距離感が「近い」とか「遠い」とか感覚的に感じるわけです。相手にとってはちょうどいい距離感であっても自分にとっては「近い」と感じることもよくあり、かなり曖昧なものです。

格闘技等では、この曖昧で個人差の大きい距離感のまま練習を繰り返しているので、練習の中で多少は改

「感覚的正中線」と「武術的間合い」

剣を構えた相手に対し、無構えのまま鼻先の「感覚的正中線」で間合を測る（①）。相手が打ち込んできた瞬間、斜め前に入身しながら攻撃線を外し、「相手からは遠く、自分からは近い」ポジションをとる（②〜④）。相手の攻撃は届かないが、こちらの攻撃は届くのが「武術的間合い」。この位置取りこそが剣術の理合であり、大東流の全ての技法に通底する原理を表す一端である。

善されても、やはり距離をつかむ感覚は個人の才能に左右されることになります。

　これに対して「間合い」というのは、真面目に稽古をやれば誰でも身につけることができるものです。ただし武術の地道な型稽古を通じてでないとなかなか身につきません。

　まず距離感の曖昧な部分を可能な限り排除します。そのために相手との正確な距離が測れるよう型稽古を繰り返します。真剣な型稽古で相手の体格・手足の長さであれば、ここまで届くということを繰り返し覚え

させるのです。

　できるだけ様々な体格の人と稽古するのが理想ですが、いつも同じ稽古相手でも武器を使って距離を変化させるといった稽古をすれば、馴れ合うこともなく様々な間合いの稽古ができるので補えると思います。

　この距離を測るというのも名人クラスであればミリ単位での間合い取りが可能なのでしょうが、私などはセンチ単位の間合い取りとなります。特に組手などの

「感覚的正中線」の確立法

まずリラックスして頭頂よりやや後ろを糸が上へ引っ張り上げているとイメージする。頭が糸に引っ張られて背筋が伸びたら、その状態で軽く鼻先に意識を置くと自然と「感覚的正中線」が立つ。


自由攻防となると若干の誤差もでますので、相手の動きに合わせて多少調整が必要となります。

　また、「武術的間合い」というのは正確に距離を測ることだけでなく「相手には遠く自分には近く」となるように仕向けるということも含みます。これは相手の攻撃線を外すことで可能になりますので、各自よくよく研究していただきたいと思います。

「感覚的正中線」の確立法

　「感覚的正中線」を立てるには、ある程度、合気の統一体ができている必要があります。まずリラックスして頭頂よりやや後ろのところに糸がくっついていて、それが頭を上へ引っ張り上げているとイメージしてください。頭が糸に引っ張られて背筋が伸びましたら、その状態で軽く鼻先に意識を置く

「感覚的正中線」を柔軟な軸として使う訓練法

自然体で立って相手に指先で体の各部を押してもらい、鼻先の「感覚的正中線」を軸として、押してくる力を柔軟に逃がす（①〜⑤）。この時、体の真ん中の中心軸を意識してしまうと、相手の力をまともに受けることになる（⑥）。

と自然と「感覚的正中線」が立ちます。

次に「感覚的正中線」を柔軟な軸として使うための訓練法です。自然体で立ち、相手に指先で自分の体のあちこちを押してもらいます。はじめは体の中心線から外れた部分を押してもらい、相手に押されるまま、「感覚的正中線」を軸としてクルクルと廻って相手の力を逃がします。

よく間違う点は、体を押されるとつい体の真ん中を通るいわゆる中心軸を意識してしまうことです。そうすると可動域が少なくなって相手の力をまともに受けてしまうので、必ず鼻先の「感覚的正中線」を意識してください。

続けて今度は、体の中心線上を押してもらいます。相手に押されるまま「感覚的中心線」が伸び縮みして、柔軟にユラユラと相手の力を逃がします。

触手療法で「手の感覚の強化」

「手の感覚の強化」は古今東西の色々な方法を試したのですが、ここで紹介するやり方が私には一番上手くいくようです。これは触手療法（気功やハンド・ヒーリングなどの手当て療法）の世界では有名な方法で、流儀によって手を高く眉間の高さでやるとか、可能な限り長い時間をやるとか色々あるようですが、とにかく無理なく集中できることが大事です。

立位でも座位でも良いので胸の前で合掌して意識を掌に集め、掌で呼吸する観念で行います。集中していると毛細血管が開き血液が集まってくるのか、掌がポカポカと温かくなってきます。温かくならないのは、どこかに無駄な力みがあるか、意識の集中が上手くいっていないためだと思われますが、とにかく掌がポカポカと温かくなるまで行う必要があります。

これが上手くいくようになったら、次に合気錬体会独特の方法として、両手の指先を合わせて大東流の花手型を作り、同様に行います。これをやると指先への集力が上達し、意識の集中が没我の境地にまで深まれば、心の修養まで行えるので大変お薦めです。

手の感覚の強化法

胸の前で合掌して掌で呼吸する観念で意識を掌に集める（①）。掌がポカポカと温かくなるまで行う必要があり、上手くできるようになったら、次に合気錬体会独特の方法として、両手の指先を合わせて大東流の花手型を作り、①と同様に意識を指先に集める（②）。これをやると指先への集力が上達し、心の修養にも役立つという。

1

2

「合気拳法」の初歩となる手をレーダーにした打撃捌き

合気は高度になると「感覚」と「イメージ」を重視しますが、手の感覚だけは初心のうちから鋭敏にしておいたほうが良いです。というのは大東流や合気道は手に特化した武術だからです。

私が「手の指先に力と意識をもってくる」と指導してもたまに上手くいかない人がいるのは、手の感覚が鈍いせいもあるのかもしれないと考えています。よく手は体の外に出た脳とか第二の脳とか言われますが、これは事実だと思います。脳における手の体性感覚は非常に大きいので、手の感覚を鋭敏にしてコツコツ鍛錬すれば、脳も活性化して、「合気之悟り」へと近づいていくと思います。

また、組手などで防御が下手だと自覚している人は手の感覚を強化すると防御能力が上達します。柔らかく手を開いて意識を掌に軽くかけ、フワリと両手を前に差し出して構えると、相手の打撃を手で捌くのが以前より上手くいくようになります。これは手をレーダー（探知機）として使っているからです。この方法は打撃に慣れるためにあくまでも「合気拳法」の初歩として教えたのですが、思った以上に上手く捌けるようになるものです。

もっとも大東流や合気道の本来の戦闘法は剣術であり、構えは正眼以外は無構え自然体でありますから、上達すれば無手であっても手を前に出して構えるということはまずしません。現代では大東流・合気道というと素手でやるものというイメージがありますが、本来の大東流は剣術を主体とした総合武術です。佐川幸義先生はその思いがあったので、武田惣角先生が大東流合気〝柔術〟と呼称していたものを、あえて大東流合気〝武術〟と名乗っていました。つまり、素手でやる柔術はその総合武術の中の一つということです。

だから、佐川派大東流では全般において、その身体操作は共通しています。柔術の時、剣術の時、棒術の時、槍術の時で体の使い方を変えるのではなく、全て同じ体使いをしますから、佐川派大東流は一度身につくとなかなか衰えないのです。剣術に一刀流、二刀流という分類がありますが、合気錬体会において、大東流合気柔術は剣を持たない無刀流ということになります。■

打撃の捌き稽古

「合気拳法」の初歩となる稽古法。柔らかく手を開いて意識を掌に軽くかけ、フワリと両手を前に差し出して構える（①）。手をレーダーとして使い、相手の打撃を「手の反応」で捌く（②③）。丹田に意識を落として構えると、打撃に対する反応が遅れてしまう（④）。

第8章

様々なケースに対処する「実践篇」

様々な相手に対応する合気上げ「実践篇」

本章は、いよいよ合気上げ「実践篇」です。これまでに紹介した基本を抑えつつ、様々な相手に柔軟に対応できる応用技術を解説していきます。

まず大事なことは「伸筋制御運動」を心がけることですが、難しくはありません。絶対に力まず、指先に集力し、筋肉の「伸び」を意識します。押さえる人によって力の使い方は様々ですが多くの場合は屈筋主体で力んでいますので、これには付き合わないことです。同じ質の力使いでは、体格が良く力の強い人が勝つのは自明です。

基本を数多く稽古し、あとは様々な押さえ方への対処経験を積むことで合気上げのレベルを上げていきます。そしてこれからご紹介するのは、私がこれまでに開いた講習会の中で実際に経験した様々なケースへの対処法です。

まず第６章で解説した「受動力」を使い、「相手の力を地球に逃がす」ことがポイントになるケースを二つご紹介いたします。

「受動力」による対処法

①相手に全体重を預けられた場合

この場合、腕の「受動力」が十分強くなっていることが必須です。特に肘関節部分が強化されていなければなりません。「伸びない腕」をよくよく修練してください。

相手は正座して膝近くに置いたこちらの両手首部分をがっちり掴んで全力で押さえつけ、さらに体重をかけてきます。こちらの両手を上げさせまいと真剣になればなるほど、自然と体重を預けてくる形になるのです。

さらにここで相手が正座を崩さない場合は腰をグッと入れてきます。人によっては、正座を解いて、腕立て伏せの体勢になり全体重を預けて押さえ込んでくる場合もあります。

このケースへの対処法としては、まず強化した腕の受動力で凌ぎます。そして相手の加えてくる力と重さを小手→腕→肩→背中→腰→足と流して、地球へ逃がしてしまいます。相手に抵抗するのではなく、相手の力と重さを受け入れる気持ちが重要です。上手くやれれば、たとえ体の大きな人が相手でも、存外に軽く感じるものです。

②上げる途中に突然、全力で来た場合

こちらが上げ始めるまでは普通に掴み、どちらかと言えば軽く押さえていた人が突然、全力で押さえ込みにくることがあります。

この場合、対処法としては「受動力」の強化が大事ですが、それ以上に十分にリラックスしていることが重要です。というのは、受動力が強くなっていても、

受動力による対処法

相手が全体重を預けて押さえ込んできた場合、まず腕の受動力で凌ぎ、相手の力を小手→腕→肩→背中→腰→足と地球へ逃がして上げる（①②）。上げる途中に突然、相手が全力で押さえてきた場合も同様に対処するが（③〜⑤）、この時は受動力はもちろん、それ以上に十分なリラックスと相手の突然の行動に慌てない平常心が重要となる。

体のどこかに無意識の力みがあると、突然全力でこられた場合、思わず力んで潰されてしまうからです。相手の態度の急変に動揺しない平常心も大切な要素になります。

「感覚的正中線」による対処法

次に、同じく第６章で解説しました丹田と第７章で解説しました感覚的正中線により、柔軟に対応することがポイントとなる三つのケースをご紹介いたします。

感覚的正中線による対処法

相手が押してきた場合、鼻先の感覚的正中線を柔軟にしならせ、相手の力をいなして対処する（①〜③）。逆に引いてきたら、その力に逆らわず、自ら前に出て相手の上体を掬うようにして倒す（④⑤）。

腰を丸めて前屈みになる姿勢はNG。これだと簡単に押し倒されてしまうし、引かれても簡単に引き倒されてしまう。

①押さえずに押してきた場合

合気上げというのは鍛錬法ですから、相手は手を上げさせないように上から下に押さえつけることになっています。それがなぜか、下に押さえつけずにこちらへ押し込んできた場合です。

このケースだと、相手にはこちらに合気上げをさせずに押し倒してしまおうという意図があると予想できます。ですから、こちらの腕、肩、腰などに力みがありますとそこが弱点となって倒されてしまいますので、これらに一切の力みがないようにします。

対処法としては、まず丹田がある程度確立している必要があります。丹田が身体内部の動きの基点として機能していれば、簡単には押し倒されたりしませんので、その上で感覚的正中線を柔軟にしならせて、相手の押してくる力をいなします。その上で相手の動きに応じてこちらも変化するのです。

　そして相手が押し込んでくる時、絶対にやってはいけないのは前屈みに腰を丸めてしまうことです。この姿勢では、相手に押し込まれると簡単にひっくり返されてしまうからです。特に正座をすると腰を丸めてしまう人が意外に多いので気をつけてください。

　第6章の中の「相手の力を地球に逃がす」の項で解説した「姿勢において腰は丸めず反らさず」をしっかり守るようにします。

②押さえずに引いてきた場合

　先と同様に下へ押さえつけず、こちらの腕を掴んで引き倒そうとしてきた場合です。

　このケースの対処法は、力まないのはもちろんですが、抵抗せずに相手の引く力に乗って前に出て上体を掬(すく)い倒します。丹田と感覚的正中線が確立していれば上手くやれるものです。

③外から内に押さえ込んできた場合

　今度は逆に、下へ押さえつけず、こちらの腕を掴んで内側へと押さえ込んできた場合です。

　これは合気上げで上げ始めた途端、内側へ両手を合わすように押し込んできます。その上で体重をかけてくることも多いので厄介です。対処法としては、内側に押し込まれるままに変化します。このケースは、こちらの両手がぶつけられるようにされますので花手型に拘らず、手の崩れにも柔軟に対応しなければいけません。

　代表的な対処法は、内側へ押さえ込んでくる力に逆らわず合掌して上げる方法ですが、相手の力の入れ方にもよります。他には、上げて相手の喉を攻めるようにして倒す方法、相手の小手を切り落として倒す方法などがあります。

合気上げの基本から外れたレアケースへの対処法

　最後に、合気上げの基本から著しく外れたレアケー

合掌喉攻めと小手切り落とし

相手が外側から内側へと押さえ込んできた場合（①）、両手を合掌の形にして相手の喉元を攻めて対処する（②③）。また、小手を切り落として崩すという派生技も有効である（④）。

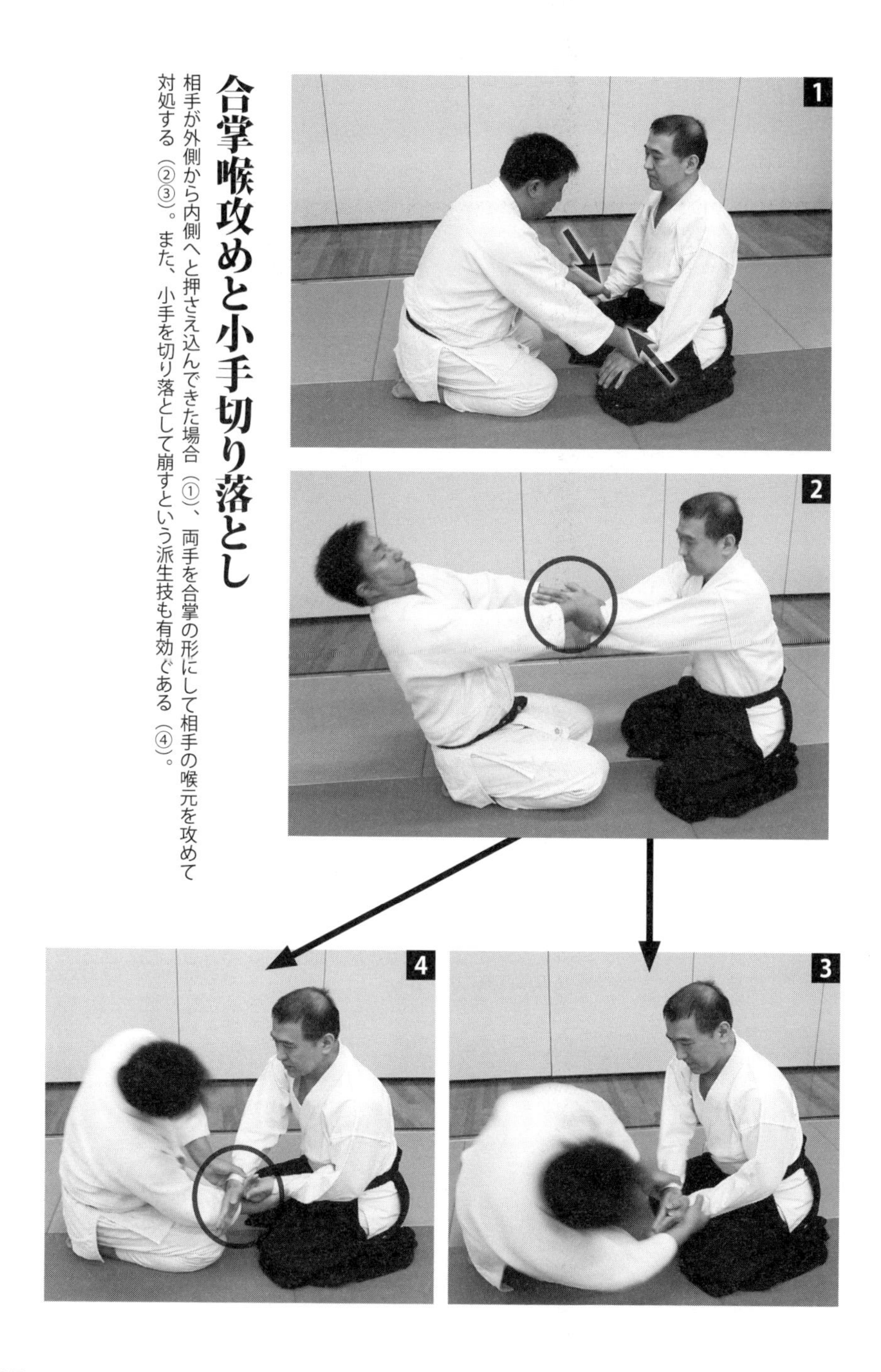

スに対処するための方法を二つご紹介いたします。

①手首ではなく四指を握ってきた場合

以前、普通に手首を掴んで押さえる形だと、私がどのようにでも上げてしまうので、とうとう指に集力できないように私の両手の四指を握って押さえつけてきた人がいました。

合気上げにおいて守るべきことは相手が力を加えてきたところには絶対に力を入れないということです。というのは、そこに力を入れることは相手の力に対抗することになるからです。

ですから、この場合は握られた指ではなく、自由の利く小手側に集力して、やや引き込むように手首の関節部分から上げました。この時、指が折れるのを防ぐため、こちらの指に捻りの力が掛からないよう気をつけます。

②両手でこちらの片手をつかみ、さらにそのままぶら下がられた場合

私の講習会には本当に色々な人が来ていて、中には何が何でも私に上げさせないよう、両手でこちらの片手を掴んで、さらにそのまま体重をかけてぶら下がってきた人もいました。

ここまで基本から外れて、なりふり構わず上げさせまいとする態度に呆れたものですが、いざやってみたら座位と立位、どちらも特に問題なく上げることができました。

相手はぶら下がっているので、こちらは引き込まれて姿勢が崩されやすくなります。そのため、丹田の養成が絶対に必要です。姿勢を正し、相手を自分の中心（丹田）に引き込むようにして上げます。相手はぶら下がっているとはいえ、離れないように両手でがっちりこちらの手を持っていますから、これを利用して魚の一本釣りの要領で相手を釣り上げるようにするのです。

おそらく、皆さんも実際に自分の片手を相手に両手

レアケースへの対処法

両手でぶら下がられたら、姿勢を正し、相手を自分の中心（丹田）に引き込むようにして魚の一本釣りの要領で相手を釣り上げる。立位であっても、技の術理は同様である。

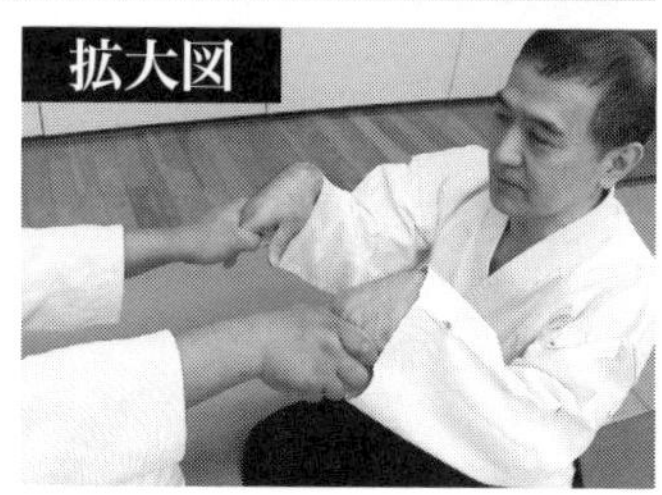

握られた四指ではなく、小手側に集力して、やや引き込むように手首から上げる。この時、指に捻りの力が掛からないよう注意。

でガッチリと持たれてぶら下がられると、最初は「はたして上がるのだろうか?」と思うのではないでしょうか? しかし成功すると大きな自信に繋がりますので、ぜひチャレンジしてみてください。

基本の合気上げがあってこそ実践応用が活きてくる

以上、これだけの様々なケースを追体験して修練すれば、かなりの合気上げのレベルアップが図れると思います。ただし応用にとらわれるあまり、基本をおろそかにしないよう気をつけてください。基本の合気上げの稽古の積み重ねによって、しっかりとした地力をつけた上での実践の応用技術だと肝に銘じなければいけません。■

第9章

佐川派大東流 秘伝「力封じ」

佐川派大東流合気武術の秘伝 〝半無力化〟する「力封じ」

佐川派大東流合気武術において合気上げは鍛錬法という位置付けですから、武術統一体と武術に必要な力を養成していくのが骨子です。

そのために伸筋制御運動による合気上げを基本として、伸筋を主体とした連動する体を創り上げていくわけです。そうすれば大東流を使うにふさわしい体ができ上がってきます。それを佐川派では「合気之錬体」と呼んでいます。

ただ、「上げる」という点だけに重点をおいてみれば、合気錬体会には相手に力を出させずに上げる「力封じ」というものもあります。これは合気之錬体とならなくても、つまり合気が体に備わらなくても使える、相手を〝半無力化〟する技術です。

力封じによる合気上げは、吉丸慶雪先生によると「佐川幸義先生が10代～20代の頃にやっていた上げ方ではないだろうか」とのことでした。力封じは合気修得の入口となりますので、吉丸先生の存命中は絶対に口外禁止でした。力封じという技術が存在することすら言ってはならなかったのです。

かつて、佐川先生は吉丸先生に合気上げの秘伝として「親指の力封じ」を実演され、「もし親指がなければ押さえる事はできないだろう」とお話しになったそうです。しかしその時は正直、佐川先生の言葉の意味がよく分からなかったそうです。

なぜかと言うと、佐川先生の指導方法はヒントを出しても「この技術はこのようにやる」と明確に教えるということは滅多になかったからです。当時の佐川先生の指導は黙って実演されることが多く、ヒントも核心部分をズバリ話されることはなく、その意味を自分で考えなければならなかったからです。さらに質問できるような雰囲気などはなかったので、佐川先生に畏敬の念を抱いていた吉丸先生は、とにかく佐川先生の動きと感触を覚えることに集中されていたそうです。

しかし吉丸先生に代わって弁明させていただくと、当時の吉丸先生がこの「親指の力封じ」が分からなかったのは、佐川先生の動きが非常に小さい上に、自分に力を半減されているという感覚がほとんど生じなかったからです。

では後年、なぜに吉丸先生が佐川先生の「親指の力封じ」に気づくことができたのか？　それはまったくの別の日に合気上げにおける「力封じ」の秘伝を教えていただいていたからです。

「親指の力封じ」を実演された時にこの口伝を同時に出してくれていれば、さすがに吉丸先生もその時に気づくことができたのでしょうが、佐川先生が大事な口伝を授けることは、佐川道場に14年間在籍していても1度しかないということも珍しくないのです。吉丸先生が佐川先生の言葉を一言一句聞き逃さず日記に記録しておいたからこそ、気づけたといえるでしょう。

その口伝内容を以下に紹介します。

相手の親指を攻める

花手型の親指と小指を開くことにより、相手の握り手（特に親指）を攻める（①②）。握った親指と人差し指との間が僅かに拡がっている点に注目。親指が殺されれば押さえる力も弱まる。

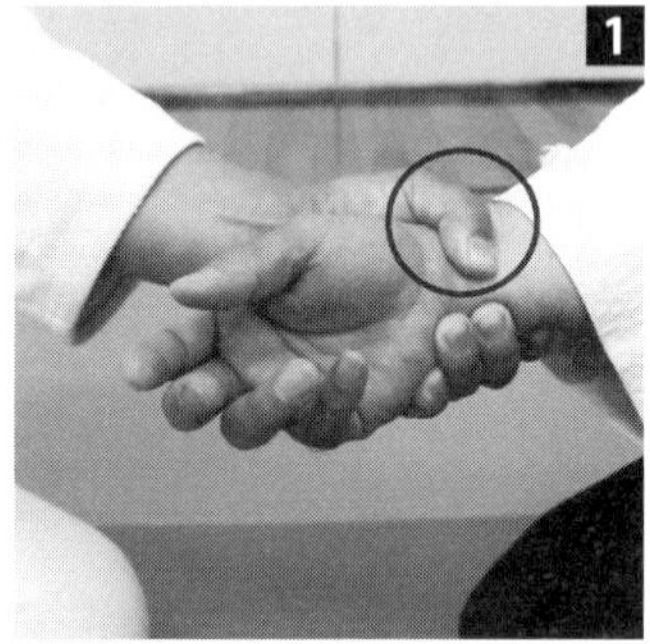

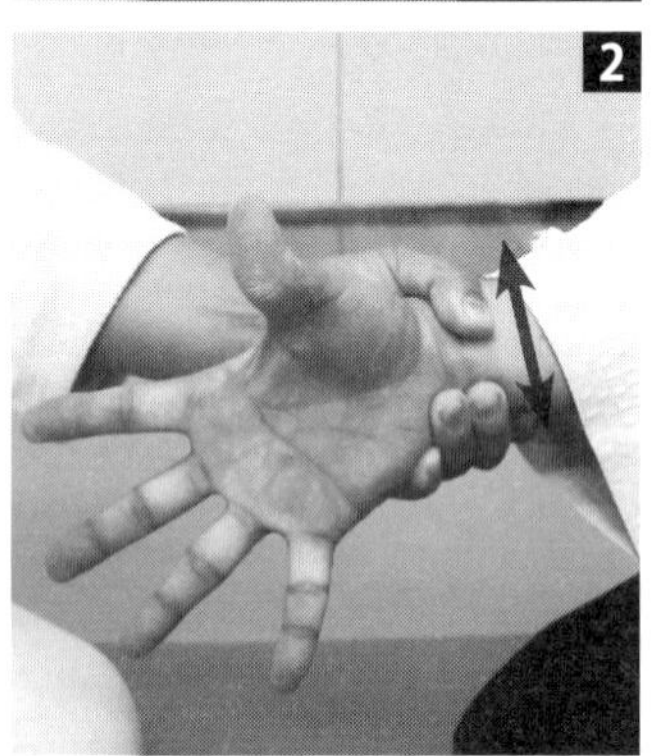

佐川派大東流「力封じ」

まず相手の親指を攻める意識を持ち、目いっぱい力を入れさせた状態から、花手型の親指と小指を力まず柔らかく大きく開く（①②）。これにより相手の力を入れた手の形がわずかに崩れる。しかし、相手は力を入れている感覚に変化がないためそれに気づかない。このようにして相手の力を削いだ後、最も弱くなった親指のところから上げる（③）。

「座捕り両手取り上げ手で合気を会得すること。わしが合気の崩しを会得したのがこれである。
ここで重要な秘伝は、①親指を我が方に向けてそらせること。②小手を回すこと。回すからくっつく、回すために山吹の花のごとくする。各指に力を入れることが大事である」

徹底した秘密主義だった佐川先生が、ここまでハッキリと秘伝を口にするのはかなり珍しいのではないでしょうか。養子となることを期待していた吉丸先生だからこそ、佐川先生も口が滑ったのかもしれません。
また、佐川先生はこのようにも言われています。
「後に師を離れて自分で研究をしていくようになって、あそこでこういわれたと必ず思い起こすことがある」

三種の「力封じ」と極意

それでは佐川派大東流の三つの力封じを解説していきます。これらはまず、各指（特に親指と小指）に集力して行うことが大切です。

其の①　手首近くを掴まれた場合

まず相手の親指を攻める意識を持つことです。その上で相手に握る力を入れさせるだけ入れさせておくと、相手が目いっぱい力を入れた状態の手の形ができます。そこから花手型の親指と小指を力まず柔らかく大きく開きます。

人の前腕には2本の骨があり、親指側が橈骨（とうこつ）、小指側が尺骨（しゃっこつ）と呼ばれています。普段、この2本の骨は協調して一緒に動いていますが、実は訓練により、この橈骨と尺骨を別々に動かすことができるようになります。

つまり花手型の親指と小指を大きく開くことにより、前腕の橈骨と尺骨の間が開くようになるのです。この開きによって相手の握り手（特に親指）を攻めることになるので、相手の力感はそのまま親指の力が緩みます。

これにより相手の力を入れた手の形がわずかに崩れ

ます。親指の押さえる力に至っては半分以下になりますが、相手は力を入れている感覚に変化がないため、それに気づかないのです。こうやって相手の力を削いだ後、最も弱くなった親指のところから上げます。

合気上げでは、相手は親指の力が弱まったと感じると押さえ方を変える可能性がありますが、力封じならばそのままで押さえきれると考えて変化しないので、こちらはやりやすいのです。

橈骨と尺骨

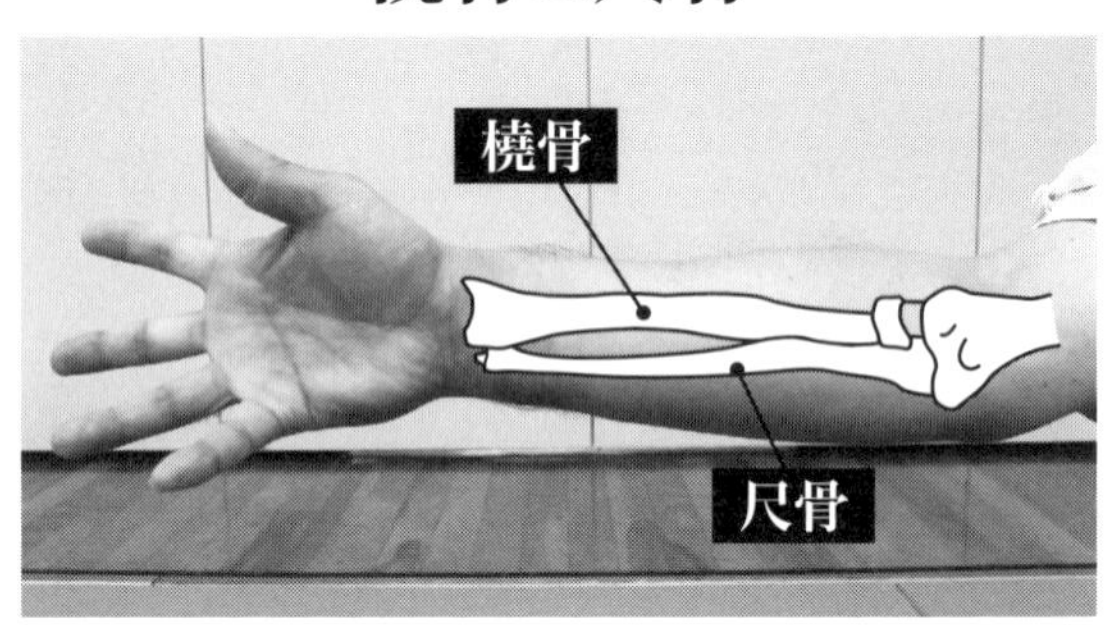

人の前腕には２本の骨があり、親指側が橈骨、小指側が尺骨。普段、これらは協調して動いているが、訓練すればそれぞれを別々に動かすことができるようになる。

前腕寄りを掴まれた場合

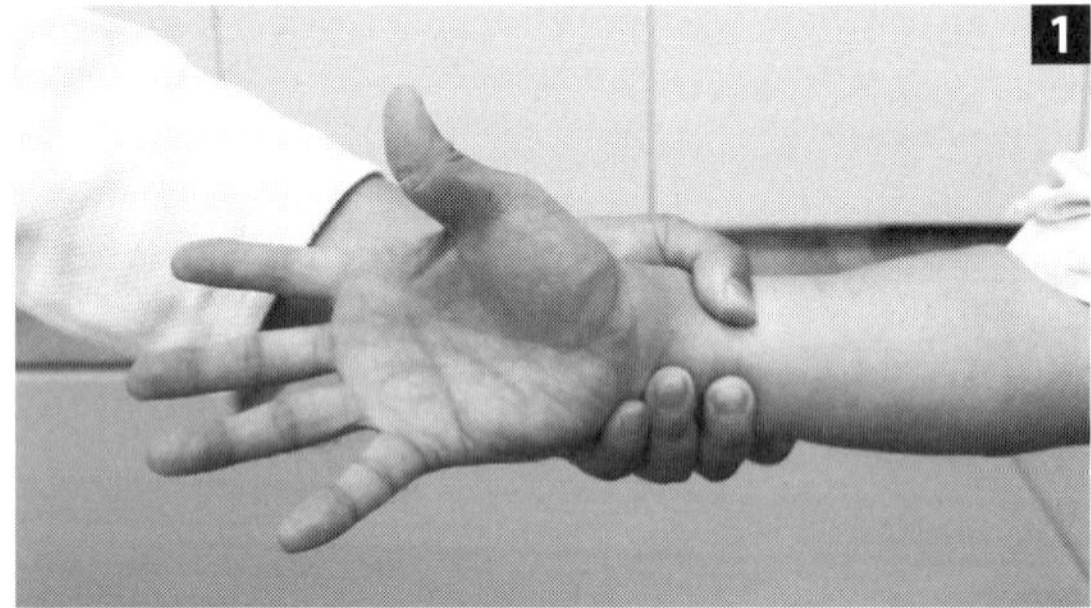

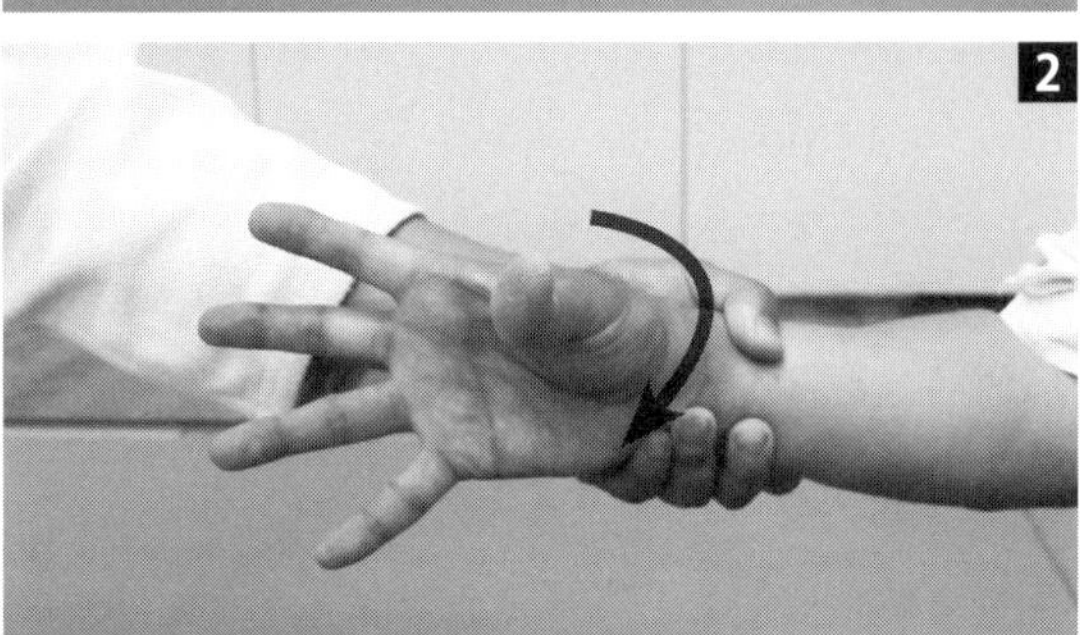

小指は動かさず親指だけを円く内旋させる（①②）。この時、橈骨だけを動かすようにする。尺骨も動いて前腕全体が内旋してしまうと相手の親指が伸ばされず、力封じが効かない。

其の② 前腕寄りを掴まれた場合

このケースだと手首近くではないため、①で使った橈骨と尺骨の間を開く方法では相手の親指を攻める効果が薄くなります。そこで、2本の骨のうち橈骨だけを動かして力封じします。自分の小指は動かさず親指だけを円く内旋させます。これにより前腕の橈骨だけを内旋させるようにするのです。こうすることにより相手の親指だけが巻き込まれ、わずかに伸ばされて弱体化します。その後、前回と同じく弱くなった親指のところから上げます。

其の③ 片手を諸手で掴まれた場合

相手はこちらの1本の腕を2方向から押さえることができ、さらに体重も乗せやすくなって圧倒的に有利です。この場合、上げる際に一番邪魔になるところ——つまり、こちらの手首に近いところを押さえている方の手を力封じする必要があります。

それが右手の場合、こちらの右前腕全体を内旋させ、相手の右手親指を大きく巻き込むようにすると、相手の右腕がつられて押さえ込んでいる形が崩れます。その瞬間、すばやく人差し指から上げるのです。

また、手首に近いところを押さえているのが左手の場合、逆にこちらの右前腕全体を外旋させ、相手の左手親指を大きく巻き込むようにして崩し、親指もしくは人差し指から上げます。

力封じ極意 二人掛りで掴まれた場合

二人掛りで片手を諸手で掴まれた場合、片手を4方向から押さえ込まれるため、①②③のコツが上手く使えません。そこで第7章で解説した「手の感覚の強化」による腕の内部感覚を使い、相手の加えてくる力の方向を探り、その隙間を縫って上げます。

これは例えるなら、川沿いの岩場で水面に落ちた木の葉が、川の流れに乗って岩を綺麗によけて流れていく様に似ています。とはいえ、これは個人の感覚の問題なので、実際に稽古を重ねることで自得してもらうしかありません。佐川派大東流合気武術における極意の一つとなります。

片手を諸手で掴まれた場合

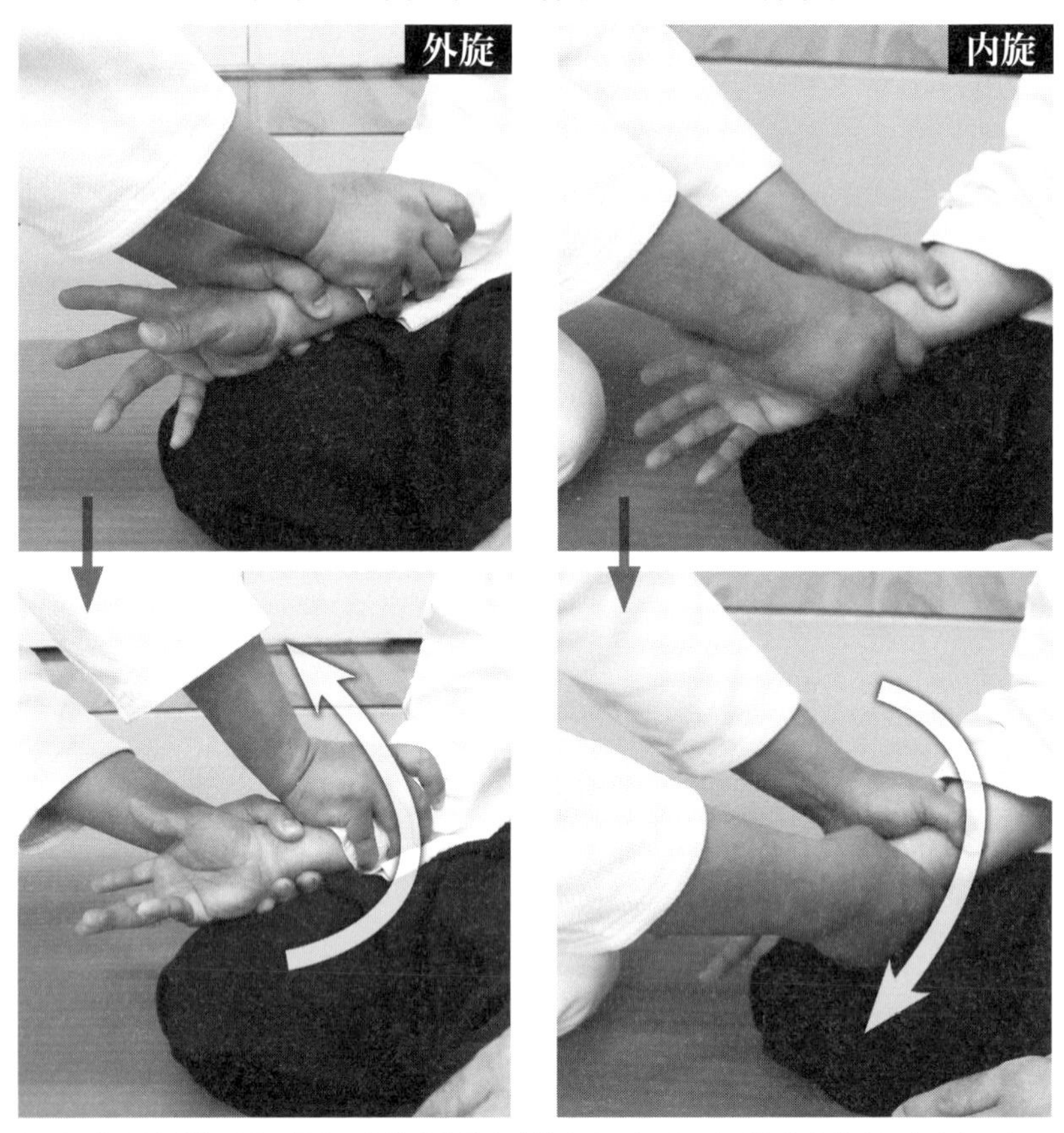

相手の右手が手首に近い場合、右前腕全体を内旋させ、相手の右手親指を巻き込むようにして崩す。左手の場合、逆に外旋させて崩す。これらのケースなら、相手の両腕の間を通して上げるため、橈骨と尺骨が一緒に動いても OK。

力封じ極意 二人掛け

二人掛りで片手を諸手で掴まれた場合、「手の感覚の強化」による腕の内部感覚を使い、相手の加えてくる力の方向を探り、その隙間を縫って上げる（①～③）。佐川派大東流における極意の一つであり、稽古を積むことでしかその感覚は掴めない。

武田惣角の合気上げ極意

武田惣角先生が昭和16年に柳津温泉で湯に浸かりすぎて倒れ、佐川先生が急いで駆けつけた際、武田先生が布団に寝たまま「手を持て、手を持て」と言われたので、佐川先生が両手で押さえると、どう押さえてもスルスルと上げられてしまったそうです。佐川先生にとって、この武田先生の合気上げは、自身の転機となった思い入れの深い経験のようで、吉丸先生の佐川

武田惣角の合気上げ

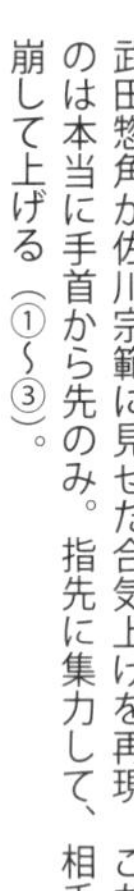
武田惣角が佐川宗範に見せた合気上げを再現。こちらは寝た状態で圧倒的に不利であり、動かせるのは本当に手首から先のみ。指先に集力して、相手の加えてくる力の隙間を縫って段階的に細かく崩して上げる（①〜③）。

道場在籍時にも何度か話が出たそうです。

佐川先生は「このときに細かく上げるということが分かった。細かく各部分を崩しながら上げるのである」と珍しくその極意を話されたそうですが、残念ながら手をとってやってはくださらなかったそうです。のちに吉丸先生が佐川道場を離れた後、試しにやってみると全く上げることができず、その難しさに驚いたとのことです。

吉丸先生は「有満さんには合気が備わっているから、そのうち同じことができるようになるよ」と言ってくださいましたが、実は合気之悟りの後にしばらくしたら、寝たままで掴まれた瞬間に２段階、３段階に崩して上げるのは自然にできるようになっていました。

しかし、寝たまま相手に十分押さえ込ませてから上げるのは、私に備わった〝合気の羅針盤〟が「まだ早い」と言うので試してみませんでした。

その後、数年して「そろそろできる」と言うので試してみると、いつの間にかできるようになっていました。どうやら、合気之錬体のレベルが上がるのを待っていたようです。佐川先生は「体ができないと教えてもできない」とよく言われていたそうですが、なるほどと得心したものです。また、佐川先生はこの武田先生の合気上げの話の際に「研究と体の鍛錬がその程度に達していれば、見せられただけでできるものだ」とも言われていたそうです。

佐川先生の極意を補足して解説しますと、こちらは寝た状態で圧倒的に不利であり、動かせるのは本当に手首から先だけです。そのため指先に集力し、相手の加えてくる力の隙間を縫って指先から少し上げる。その際に相手を崩れる方向に少し崩し、その崩しでできた力の隙間をまた少し上げる。この繰り返しで細かく崩して上げてゆきます。

大東流合気武術は筋力に頼った技術と違い、年齢と経験を重ねることで新しい技ができるようになっていくというのが楽しみであり嬉しいことです。
■

第10章

三種の極意運動原理

極意となる三種の運動原理

前章までは、基本の運動原理である伸筋制御運動を用いた合気上げを解説してきました。本章はそれ以外の、極意ともいうべき上級の運動原理を解説します。

その運動原理とは重力制御運動、屈筋制御運動、浮力制御運動の三つです。これらを使った合気上げは伸筋制御運動をマスターした後の技術であり、レベルが上がるに従って感覚とイメージが重要になってきます。

筋肉制御運動とは、皮膚の下の筋肉の働きを自分のイメージ通りにコントロールすることで、掴んだ相手を自在に操ります。もし解説なしで様々な筋肉制御運動を前後左右に自由に行ってやれば、おそらく相手は自分が何をされているのかも解らず、こちらの意のままに翻弄されることになるでしょう。

体の重みを使う「重力制御運動」

それではまず、重力制御運動から解説していきます。重力という言葉は一般に、地球上で物体に対して働く万有引力から地球の自転による遠心力を引いたものとして認識されていますが、ここでは人の体が本来持っている「重さの力」という意味で使っています。

重力制御運動の原理は、人の体の重さを用い、それを制御するということです。先ほど感覚とイメージが重要であると言いましたが、自分の感覚とイメージによって体の重さを自在に変化させることにより、接触部分から相手に与える感覚を、こちらが有利になるようコントロールすることができます。

もちろん、実際に人の体の物理的な重さが変わるわけではありません。現象としては不思議に見えても、物理法則に反しているわけではないのです。

そのためにはまず「沈身」の技術が必要となります。佐川派大東流には「沈身」と「浮身」の技術がありますが、ここでは「沈身」を用います。これは難しく考える必要はなく、重心を下げ体全体を重くすることです。

人は知らず知らずに地球の重力に対して抵抗する形で体を支えています。ご存知の方も多いと思いますが、そのための代表的な筋肉群を抗重力筋と呼んでおり、この筋肉の力をちょっと緩めればよいのです。抗重力筋を緩めると地球の重力が強く働いて重心が下がり、体が重くなります。

イメージがつかめない場合は、次のような実験をやってみてください。まず一人が床に大の字に寝て、その片方の手をもう一人が掴んで引っ張り上げます。次に床に寝た人間は一度全身に力を入れ、ハーッと息を吐きながら完全脱力します。そして「自分は死んだ、死人だ」とイメージします。これは、習慣で手を引っ張ってもらい起き上がるという無意識の反射を消すためです。

では先と同様に、その片方の手をもう一人が掴み引っ張り上げます。今度は相手の体の予想以上の重さ

イメージと体の重さ

一人が床に大の字に寝て、その片方の手をもう一人が掴んで引っ張る（①）。普通なら簡単に引き起こせるが（②）、自分が「死んだ」とイメージして、抗重力筋を緩めた状態の相手だと段違いの重さを実感できる（③）。

腕の重さを変化させる

充分にリラックスし、1～5キロの鉄の球を持っているとリアルにイメージする。そして相手の腕に重みを預けてやると、相手は抵抗できずに崩れる。この時、本当に鉄の球を持っているのと寸分違わぬ感覚が相手の腕に生ずるように。

重力制御運動

両手取りに対する合気上げ

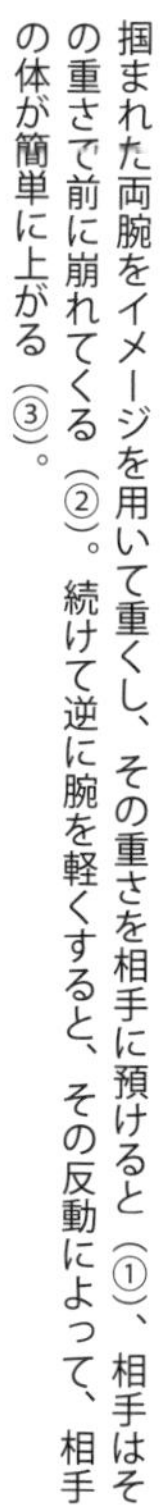

掴まれた両腕をイメージを用いて重くし、その重さを相手に預けると（①）、相手はその重さで前に崩れてくる（②）。続けて逆に腕を軽くすると、その反動によって、相手の体が簡単に上がる（③）。

重力制御運動

胸取りに対する合気上げ

両手で胸取りをしてきた相手に対し（①）、こちらの胸部と相手の手の接触点に重さをかけ、前方へ崩す（②）。さらにそこから、胸を波打たせるようにして上げる（③）。この時、前頁の「両手取りに対する合気上げ」と同じく、イメージによる体の軽重変化が働いている。最後に上げた相手を体の振りのみで投げる（④）。

にかなり手こずったのではないでしょうか？　これは抗重力筋の無意識の緊張と反射を取ったために、相手の体が持つ本来の重さが現れたのです。この実証実験を数度繰り返せば、抗重力筋の力みを抜くコツは分かると思います。

次に、自らの腕の重さを変化させるコツを覚えます。人の腕の重さは片腕で約4～5キロはありますので、感覚とイメージを使い、相手に掴ませるその腕の重さをコントロールするのです。

このような身体のコントロール法は日常生活ではまず使いません。故に相手にとっては未知の領域であり、4キロ程度の重さでも、なかなか抵抗することができずに崩されてしまうのです。

屈筋を繋げる「屈筋制御運動」

次に、屈筋制御運動について解説していきます。この運動原理は、伸筋制御運動とは逆に、拮抗筋である屈筋を主として体を連動させます。これには当然、屈筋主体の統一体（合気之錬体）となることが求められます。とはいえ別に複雑なものではなく、伸筋制御運動が「難しく考えずに筋肉の伸びを使う」と考えれば良いように、屈筋制御運動も「難しく考えずに筋肉の縮みを使う」と考えればよいのです。

日常生活の中でよく使われるのが屈筋の働きです。例えば、物を持ったりするときは体幹により近づけた方が軽くなるので、腕の筋肉を縮めて物を体幹に近づける形で力を発揮します。

武道においては、柔道などで相手を掴んで引き付ける際に同様の力の使い方をします。この時、主に上腕二頭筋（力瘤）などの大きな筋肉を使います。

これらのような一般的な屈筋を用いた動きと屈筋制御運動が大きく異なる点は、伸筋制御運動と同様に指先から動くということ、そして一部の筋肉だけに頼ることはせず、全身を連動させて使うということです。

それでもやはり屈筋制御運動は日常動作の感覚に近いため、リラックスするよう注意して教えても、知らず知らずのうちに力んでしまい、日常動作の筋肉の使

屈筋制御運動

片手への両手取りに対する合気上げ

こちらの右手を両手で取ってくる相手に対し（①）、指先に力と意識を集中させ、そのまま指先から腕全体の屈筋を連動させて内側へ巻き込み、一気に上げる（②③）。

筋トレのバーベルカールのように上腕二頭筋に頼った力の使い方だと、屈筋制御運動とは似て非なるものなので、互いの力がぶつかり合ってしまう。

い方になってしまう人も少なくありません。この原理を使いこなすには、充分な稽古が必要になります。

浮かせる技術「浮力制御運動」

　では最後に、三つ目の浮力制御運動を解説していきます。これは佐川幸義先生もかなり重視していたと思われる運動原理です。実際、佐川先生は「大雑把に言って、合気は浮かせるか泳がせるかである」とおっしゃっています。この「浮かせる」技術こそが合気上げの原理であり、同時に浮力制御運動を指していると私は考えています。

　浮力制御運動の原理は、自分の体の中の「浮く力」を感覚とイメージでコントロールすることです。地球上では万物に重力が働いており、同時にその斥力（反発力）として浮力が働いています。この浮力を用いるのですが、これ自体は微弱であるため、そのままだとあまり役には立ちません。

　微弱な「浮力」の感覚を合気之錬体に通すことで、自分の中の「浮く力の感覚とイメージ」を増大し、相手との接触部分から与える感覚をコントロールして浮かせます。ですので、相手と「気」を合わせる技術がないと使うのは難しいと思います。無論、実際に人の体の物理的な重さが変わるわけではありませんが、フワリとした浮遊感が体を軽く感じさせてくれます。

　それにはまず、水にボールが浮かぶような「浮身」のイメージが必要となります。水にボールを押し込んでも、すぐ浮いてきます。そのイメージを体で表現するのです。■

浮力制御運動

浮力を用いた合気上げ

相手に両手を取られた状態のまま、小手を捻るようなことを一切せず、そのまま浮力を使って上げる（①～③）。腕全体が風船に引っ張られて上がっていくようなイメージ、もしくは腕全体にヘリウムガスが充満してフワリと浮いてしまうような感覚を相手に流し込むことにより、こちらに合わせて相手の体も浮いてくる。

イメージで得る浮力

自然体で立ち、頭の後ろから糸で上に引っ張られているイメージを持つ（首から下は逆に下方へ）。この時、イメージで得た「浮く力」によって踵が上がるようにする。

第11章

大東流逆手と合気拳法

合気上げで培った力を実戦へ
大東流逆手と合気拳法

本章では合気上げで培った「合気之錬体と武術に使う力（筋肉制御運動）」で、どのように大東流の技を展開させるかというのをテーマに「大東流逆手と合気拳法」を取り上げたいと思います。

かつて佐川幸義先生は「大東流は逆手である」「私が動けば逆になっている」と言われました。その意味するところは、佐川先生が逆手（関節技）に絶対の自信を持っており、さらに大東流には、まだまだ知られていない多種多様の逆手があるということを示しています。

実際、佐川派大東流合気武術の正伝柔術技には一元から八元までの逆手技だけでも相当数あるのですが、佐川先生が吉丸慶雪先生との一対一での特別稽古で見せた佐川派別伝においても、正伝技法にはない逆手技が多数あります。さらに山本派大東流の秘伝奥義技には、佐川派大東流にはない逆手技が数多く存在します。

合気錬体会では、大東流は武田惣角先生が剣術の理合を元に創始したものと考えていますが、これら多数の技法から武田先生の天才振りが思惟(しい)されます。また、佐川派別伝における佐川先生のオリジナル技からは、武田先生とはまた違う、佐川先生ならではの天才性が伺えます。

佐川先生は正伝技法の型稽古については「やりにくくても教えた通りにやるように」と言われ、技が上手く掛からないからといって、安易に当身をしたり型を変化させることを禁じました。

というのも、佐川先生の正伝技法は武田先生が教えた技から意図的に当身を省いており、それは正確に体捌きや崩しを身につけさせて、合気之錬体を養成する目的があったからです。

ゆえに正伝技法は、一、二、三……と手順を踏んで型稽古を繰り返しますので、そのままでは実用になりにくいのです。実戦で相手が型通りじっと待っていてくれるわけがないからです。これに対し、佐川派別伝における逆手技は一拍子か二拍子で極まる技ばかりであり、実用に特化しています。

他にも、別伝には佐川派大東流の正伝技法を一気に実用へ近づける、佐川先生の「秘伝の一手」があります。合気道に代表される、合気系武道を修行されている読者の皆様の参考になればと思い、今回初公開します。

これは正伝で学んだ崩しと逆手の型を一気に実用型へと昇華させてくれます。ただし、合気上げの稽古で培った小手の強さを必要としますので、型稽古と並行して充分に合気上げを修練してからチャレンジしてみてください。

秘伝の一手を用いた佐川派大東流の逆手技

まず「矢筈手型(やはずてがた)」と「鍵手型(かぎてがた)」を説明します。矢筈

佐川派大東流
二ヶ条 正伝

相手が左手で正面打ちしてくるのと同時に左足から踏み出し、左小手を上げて相手を小さく崩す（①②）。この時の崩しは合気上げと同様の感覚である。右手で相手の小手を掴み固定し、左手で相手の左手甲を廻し取り、相手の左手甲を小指側が上になるように立てる（③④）。左手首を前下方へ縦折り（尺屈）して極める（⑤）。

とは、矢の尾部のV字形に加工された弓弦を受ける部分です。親指と他の四指で作った手の形が似ているので、合気錬体会ではそう呼んでいます。この手型は別伝でよく使用されます。「鍵手型」も作った手の形が古い時代の鍵の形に似ているために、合気錬体会ではそう呼称しています。

相手の腕を捕らえてからの矢筈手型から鍵手型への変化、つまり手首をパッと返すことが、佐川先生の「秘伝の一手」です。これは二元（二ヶ条）での解説が一番理解しやすいでしょう。

二元の逆手は、相手の手甲を小指側が上になるようにして立て、手首関節を尺屈させる技法です。尺屈というのは、手首を前腕の尺骨側に曲げるという意味です。大東流の二元の逆手では、相手の手首を尺屈させるのがテーマの一つとなっています。

ちなみに一元（一ヶ条）の逆手は手首の掌屈（手掌側に曲げる）、三元（三ヶ条）の逆手は手首の内旋（体の内側に向かって廻す）がテーマの一つです。合気系武道の初心者の方はテーマを理解して覚えると習得が早いと思います。

それでは正伝の型の説明です。相手の攻撃を上げ受けするのが合気上げの要領です。上達すれば、上げ受けするだけで相手が崩れるようになります。

◎佐川派大東流二ヶ条 正伝

①互いに自然体で向かい合い、まず相手（受け）が左手で正面打ちしてくる。
②我（取り）は左小手を上げて受け、相手の力を返し、小さく崩す。または相手の打ちと同時に左足から踏み出し、左小手を上げて相手を小さく崩す。
③我は右手で相手の小手を掴み固定。
④我左手で相手の左手甲を廻し取り、相手の左手甲を小指側が上になるようにして立てる。
⑤我は相手の左手首を前下方へ縦折り（尺屈）して極める。

続いて別伝の解説です（別伝は型として決まっている訳ではありません）。

佐川派大東流
二ヶ条 別伝

相手が左手で正面打ちしてくる（①）のを右方へ体を捌いて躱し、右手を矢筈手型にして相手の左小手を捕り（②）、すぐさま鍵手型とする（③）。これにより相手の体は崩れ、左腕が半無力化される（秘伝の一手）。左手で相手の左手甲を掴み、前下方へ縦折りして極める（④⑤）。別伝では（②～⑤）までを一瞬で行う。

1

2

3

4

5

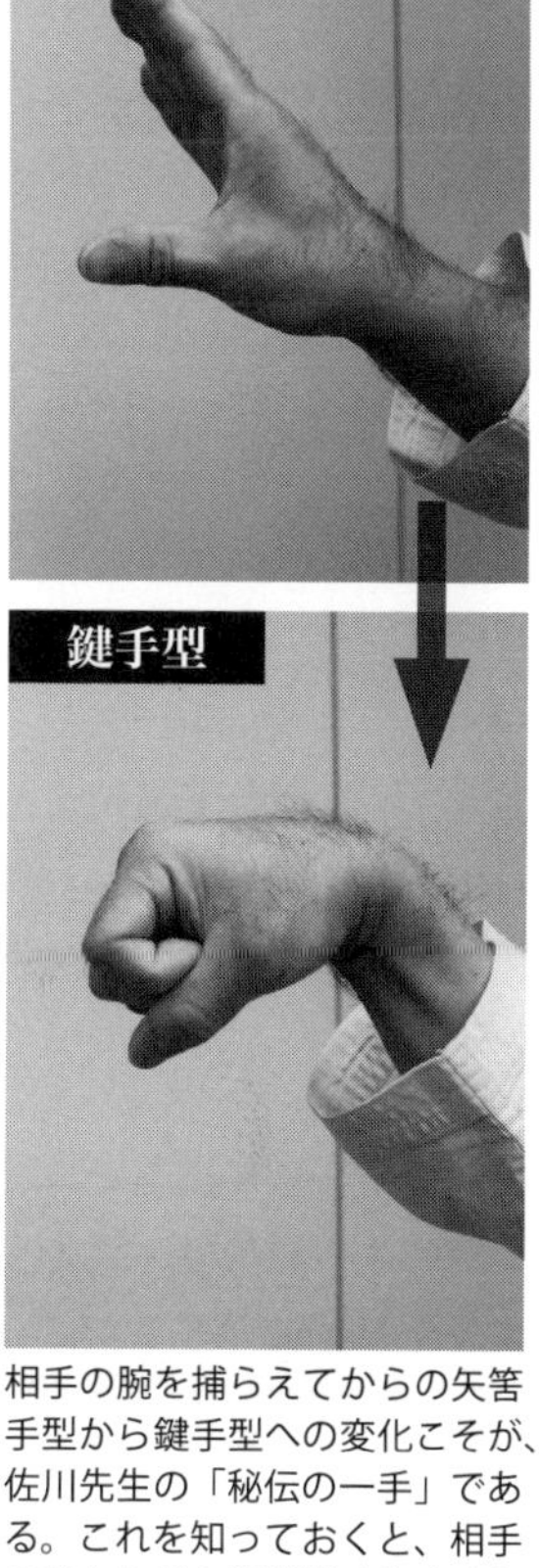

相手の腕を捕らえてからの矢筈手型から鍵手型への変化こそが、佐川先生の「秘伝の一手」である。これを知っておくと、相手の突きなども断然捕りやすくなる。

◎佐川派大東流二ヶ条 別伝

①互いに自然体で向かい合い、まず相手（受け）が左手で正面打ちしてくる。

②我（取り）は我右方へ右足左足と捌いて体をかわし、我右手を矢筈手型となし相手（受け）の左小手を捕り、すぐさま鍵手型とする。これにより相手の体は崩れ、左手甲は小指側が上となった状態で左腕が半無力化される。

③相手が抵抗を失っているうちに我左手にて相手左手甲を掴み、前下方へ縦折り（尺屈）して極める。

「秘伝の一手」は相手の手首を捕える技法全般に使えますので、よくよく研究してみてください。コツは相手の腕を掴みにいくのではなく、矢筈手型で相手の小手を挟み引っ掛けるようにすることです。

余談ですが、錬体会の講習会でこの秘伝の一手を使って逆手をいくつか教える際に、他の合気系武道をやっておられる方に「三ヶ条って、潜らなくても捕れるのですね」とよく言われます。佐川派大東流では当たり前のことなのですが、流派によっては三ヶ条極めは相手の腕の下を潜って捕る方法しかない場合もあるようです。逆手解説の最後に、佐川先生が合気上げか

佐川派大東流 無手捕り

合気上げから、相手を浮かせて立ち上がらせつつ左手を捕り（①②）。自ら半立ちになりながら背後に誘導し、相手の左肘関節を首で極める（③④）。そのまま完全に立ち上がり、相手を自在に引き回す（⑤）。

ら首だけで腕の逆手を極めて道場内を引き回したという、無手捕りを紹介します。

◎佐川派大東流　無手捕り

①合気上げから相手（受け）を浮かせて立ち上がらせる。
②半立ちになりながら我（取り）後ろに誘導し、相手の肘関節を首で極める。
③そのまま完全に立ち上がり、相手を自在に引き回す。

〝後の先〟をテーマとする佐川派大東流合気拳法

大東流合気拳法というのは、佐川幸義先生が空手やボクシングを研究して創始したもので、それ以前の大東流には存在しないものでした。武田先生の時代では、喧嘩といえば掴み合いが多く、素手での仮想敵は柔道家だったようです。そのためか、大東流には対柔道用の技法が多くあります。

大東流の当身はそれのみで相手を倒すというより、当身で相手の抵抗力を奪っておいてから柔術の逆手で極めて押さえるという技術体系になっています。

佐川先生も基本的な考え方は同じであり、合気拳法を創始していても「突きは仮当て程度でもよい。場合によっては当たらなくともよい。次に捕り押さえるための仮当てでよい」と言われています。そのためか、拳の握り方も空手等とは違い、軽く開き気味にします。

吉丸先生は佐川先生より正式に「大東流合気拳法初伝」を習っていますが、入門前から既に剛柔流空手の四段（当時五段が最高位）であり、空手道場の師範代まで務めたこともあった吉丸先生にとって、それはちょっと物足りないものだったようです。というのも、「大東流合気拳法 初伝」は〝後の先〟がテーマなのですが、相手（受け）が打ってくるのを〝後の先〟で受けて突き返すという、本当に初心者向けの内容だったからです。以下にその具体的な技法の流れを解説します。

佐川派大東流合気拳法 初伝

相手が空手の追い突きのように顔面を突いてくるのに対し、下からの上げ受けで防御する。この時、合気上げの要領で相手を崩す（①〜③）。合気上げで鍛えた手は強靭さと吸着性を備えているため、大きな効果を生じる。そのまま崩れた相手の顔面の急所を拳で突く（④）。

合気拳法の拳型

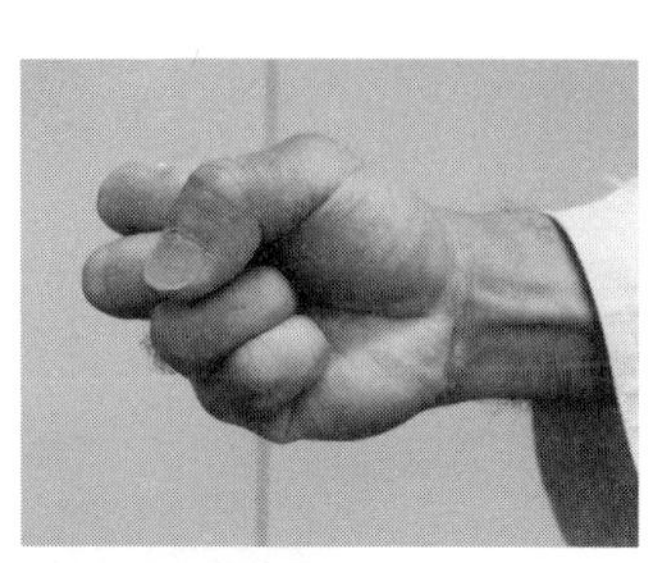

合気拳法の拳型は、空手等とは違い、軽く開き気味に柔らかく握る。中指の第二関節部を用い、主に眼球や人中といった、鍛えようにない人体の急所を狙って打つ。

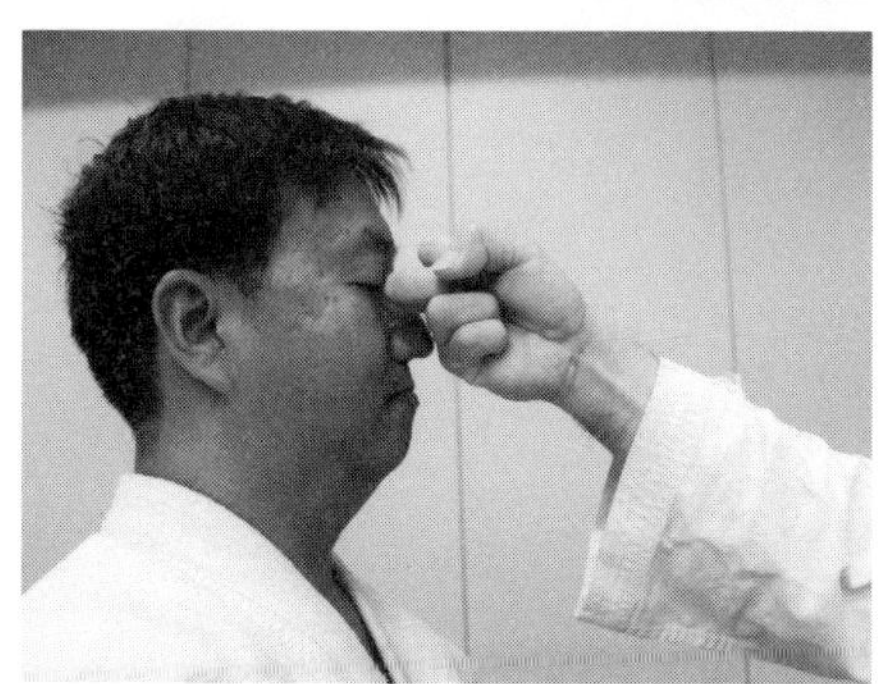

◎佐川派大東流合気拳法 初伝

①相手（受け）が面突きをしてくる。

②我（取り）は突きに対して上げ受けをし、相手を崩す。

③崩れたところを我が突く。

相手の打突を受ける瞬間に〝わずかに崩す〟という、柔術の正伝と同じコンセプトがあったのですが、吉丸先生は「触れた瞬間に相手を崩すのは佐川先生なら当然のこと」と捉え、あまり特別視はしていなかったようです。

しかし、一対一の特別稽古で見せる佐川先生の合気拳法の空手にはない技術には相当興味を引かれたようで、佐川道場を離れてから吉丸先生が創始した「心技護身拳」には、その基本的な理念を取り入れたそうです。

そのせいか、吉丸先生は「心技護身拳は、形は違っても佐川先生の合気拳法の理念に大東流柔術と剛柔流空手の長所を取り入れている」と私に言われていました。その基本的な理念とは〝先の戦法〟ということです。「心技護身拳」は〝後の先〟がテーマになっており、技量が上がるに従って〝先の先〟が自然にできるようになっていくというシステムが組まれていました。■

第12章 大東流剣術と杖術

佐川派大東流は剣術を核とした総合武術

佐川派大東流合気武術は総合武術であり、その中の剣術は特に核心部分です。そのため、大東流の体捌き、足捌き、手捌きはもちろん、その戦い方も大東流剣術に則って行います。

合気錬体会では、その大東流剣術の理合に基づいて、柔術も拳法もその他武器術（杖術、棒術、短棒術、鉄扇術、槍術等）も編纂されています。だから普段は柔術中心の稽古でも、武器を手に取れば、たちまち手の延長としてスムースに使いこなすことが可能です。

大東流の実質の創始者である武田惣角先生は剣の達人であり、その柔術は剣術の極意で技を遣っていたということが正しいと思われます。武田先生にとって柔術技を使うのは相手を殺さないためであり、本気で殺しにいく時は、やはり剣を取ったのではないでしょうか。実際、武田先生は身を守るためとはいえ、数人を斬っています。

それに武田先生が常に懐に短刀を忍ばせていたことは有名な話です。元は帯刀されていたのですが、明治9年の廃刀令により帯刀することができなくなったので、その代わりとして短刀を身につけておられたのでしょう。それも抜き身の短刀をタオルで巻いただけで腹のところに仕舞っておられたので、腹には短刀の刃先による切傷が多数あったと聞き及んでいます。

武田先生の次の世代である佐川幸義先生の大東流は、より精錬されたものとなりました。佐川先生も甲源一刀流の剣術免許を取得されており、武田先生同様に剣術家でもあります。ですが、その技法体系は大東流の数々の技法の中心に合気をおき、そこから新たに整理をして、柔術と剣術を主体に総合武術を再構築されたものと思われます。

特に柔術技から当身を省き、合気の主要技術である崩しを主体に稽古体系を組んだこと、柔術のみの片手落ちにならないよう、当身中心の合気拳法を創始されたことは革新的だったのではないでしょうか。

柔術の合気技が耳目を集める現代では、佐川先生の大東流が総合武術だと言うと、違和感を覚える人もいるかもしれません。しかし、吉丸慶雪先生が私に語った佐川先生像は、佐川派大東流が総合武術であることを証明するものだと思っています。

生前、佐川先生は合気技が有名でしたが、吉丸先生は「佐川先生が本当に凄いのは武器術だよ」「剣は軽く振っているようにしか見えないのに刃音が凄かった」「半棒（杖）を使うときは目にも止まらない速さで、気がついたら喉元に棒先がピタリと極められていたよ」と語られ、私が大東流総伝で剣術極意と武器術秘伝を教わる際に「私が教えるから、有満さんも佐川先生のようにできるようになれ」と吉丸先生から言われたのですが、残念ながらまだそこまでは至っていません。

大東流剣術「秘の打ち」

剣を正眼に構え（①）、振り上げた際に右手を滑らせて下ろし、左手に付ける（②）。振り下ろす際に左手を離し、右手一本で片手打ちする（③）。半身、前重心にて肩甲骨、肩、肘を伸ばして打つ。剣道式の諸手での振りとは間合いが大きく異なる。

手首の返しこそ剣術の極意

吉丸先生は佐川先生に「甲源一刀流剣術初伝」を正式に学んでいますが、それは合気拳法と同様に物足りないものだったようです。なぜなら「甲源一刀流剣術初伝」の技法が、佐川先生が一対一の特別稽古で吉丸先生に見せる剣術と大きな乖離（かいり）があったからです。

甲源一刀流は気合（発声）を入れて剣を打ち合うタイプの一般的といえる剣術ですが、特別稽古で見せる佐川先生の剣術は、形にとらわれない「無音無声の音無しの剣」であったそうです。さらに佐川先生には甲

「秘の打ち」の手之内

右頁写真の手元の拡大図。正眼の構え（①）から右手を滑らせて左手に付け（②）、右手のみで片手打ち（③）。

源一刀流に対する拘りはなく、他流の技法であっても良いと思えば積極的に取り入れる柔軟さがありました。これは武田先生を見習っていたからだと思われます。

どうも佐川先生は武田先生の剣術を目標としていたらしく、合気錬体会に伝わる大東流剣術は初伝こそ剣を諸手で持って気合と共に打ち合う技法ですが、それ以降は極意型として無声での片手打ち（斬り）の技が多く見られます。

そのため、剣を振るときに手首の返しを使います。柔術逆手における佐川先生「秘伝の一手」も手首の返しであり、前章で「秘伝の一手」を公開したのは佐川先生が手首の返しを重視していたことを知らしめるためで、本章の大東流剣術解説の布石だったわけです。大東流秘伝の合気二刀剣にしても、左右とも片手で剣を自在に操ることができればより有利になるというのは、武田先生にとっては当然の発想でした。

これらのことは、佐川先生が普段の稽古の中で語られた話からも伺えます。

「武田先生の剣は素晴らしく、片手打ちは特に見事だった。正眼に構えた相手の小手に、右から左から自由自在に打ち込んだ」「剣を使うにも手首の強さ、手首の返しが最も重要である」

伸筋制御運動による「秘の打ち」

佐川先生が後継者として見込んでいた吉丸先生に指導した鍛錬法は、素振りと体の変更（変更足）です。佐川先生が行っていた鍛錬法は多数ありますが、必ずやるように言われたのはこの二つです。これらは大東流剣術の基本中の基本であり、佐川先生のお話は以下の通りです。

「剣を使うなら素振りが基本である。力まず大きくのびのびと真っ直ぐに斬り下ろす。少なくとも一日に三百本、三年やらねば身につかぬ。型をいくらやっても駄目である」「木刀は肘を伸ばし、先端に力を集中するように振る」

「結局体を作ることが最も重要である。変更足の鍛錬、また爪先で転身するのが非常に大事なことである」

佐川先生の素振りの口伝からもわかりますが、伸筋制御運動（伸び）による原理そのままです。そのせいか、吉丸先生が私によく「伸筋制御運動は佐川先生の理論でもあるんだよ」と言われていました。素振りによる剣の上げ下ろしは、本書のテーマである「合気上げ（合気下げ）」そのままです。

今回、伸筋制御運動（伸び）がいかに有用かを証明するため、特別にこの伸びを使った「秘の打ち」をご紹介いたします。この「秘の打ち」は伸筋制御運動の真骨頂です。触れれば指くらいは簡単に飛ぶ真剣勝負では、少しでも遠間から攻撃したいと思うのは当然のことですし、実際、間合いを遠く取れるというのは、それだけで有利です。

体力で劣る女性薙刀家の園部秀雄が、その遠い間合いを活かして薙刀対剣道の試合で男性の剣道家を圧倒したのは有名な話です。

佐川派大東流における「間合いと先の戦法」

佐川派大東流合気武術において、その戦闘方法は一貫しています。それは「間合いと先の戦法」です。剣術においては、よりハッキリと区分されます。

吉丸先生が正式に習ったのは「甲源一刀流剣術初伝」ですから、それ以降は一対一の特別稽古において佐川先生に見せられた別伝における極意型、または実戦型となりますので、それらを整理するために「先の戦法」により区分したものです。

合気錬体会の大東流剣術初伝は、技術的には合気拳法初伝と同様に「後の先」です。その多くの技は、吉丸先生が習った「甲源一刀流剣術初伝」から採用したようです。テーマは「即応後先」で〝相手に応じて直ちに反撃する〟ということです。

次の極意型のテーマは「即空制先」で〝空を打たせて先制する〟ということです。「対の先」を具体的に表したものです。付け、払い、流し、弾き等の大東流

即空制先

相手が振りかぶって面打ちしてくるのを（①）、半歩前に出てかぶり受けすると思わせて、流し受けにて相手を泳がせる（②）。

これで相手は空を打って崩れる。相手が崩れたところを胴打ちで極める（③）。

即応後先

互いに正眼で向かい合う（①）。相手が振りかぶって面打ちしてくるのを、半歩前に出てかぶり受けする（②）。これにより相手をわずかに崩す（合気上げ）。相手が崩れたところを体当たりするようにして胴打ち（③）。

合気之制位

相手は正眼、こちらは無構え自然体にて立つ（①）。そこから相手の二手三手先の動きまで封じて、相手を制す（②）。

夢想機先

互いに正眼で向かい合う（①）。相手が振りかぶった瞬間、または振りかぶりの「ふ」の動きの瞬間に自然に前に出て相手の動きを封じる（②）。

大東流杖術

相手の正眼の構えに対し、杖を脇構えに構える（①）。相手が攻撃に出ようとした瞬間、死角から杖を喉元に突く（②）。かつて吉丸師範は「佐川先生の杖術は目にも止まらない速さで、気がついたら喉元に棒先がピタリと極められていた」と語ったという。

1

2

脇構え

剣術独特の技術を学ぶ段階でもあります。

続いて「夢想機先」で〝無我にて機先を制す〟ということです。宮本武蔵の「枕をおさえる」と同意であり、「先の先」です。大事なのは「自然に出る」ということです。ここまで至ると型は意味を成しません。

そして最後が「合気之制位」で、相手も先の戦法の使い手であった場合に先の読み合いで拮抗膠着するところ、〝構えたところから既に二手三手先を読みきって出る〟ことです。技術的には「先先の先」とか「先先の先」です。ほぼ未来予測に近い要素があるためか、私はまだ八割位しか使いこなせていません。佐川先生は自分が強くなった時点から、常に「もし自分と同等の使い手が敵になったら……」と考えて対抗手段を練ってきたものと思います。

締め括りとして、「武器術秘伝」の中から杖術を一手ご紹介します。杖の最大の長所は何だと思われますか？　それは軽さです。約1キロある日本刀を片手で軽々と振る佐川先生にかかったら、杖はその軽さから、まさに電光石火のごとき速技であったのではないでしょうか。佐川派大東流の武器術全般において、合気上げによる小手の強さが必須となります。

合気上げの根源力

佐川先生は「上げ手（合気上げ）は身体を作るのに最重要である」とされ、同時に「身体を作らねば、型をいくらやっても無駄である」とまで断言しておられます。そして今や合気上げは、各々の流儀の枠を超えた根源的な力を養う武術鍛錬法として広がりつつあります。本書がそういった武術修行者の皆様に少しばかりでも役に立つのであれば幸甚に存じます。■

第II部

「合気下げの実戦力」

第13章 「合気下げ」の原理と基本動作

「合気上げ」の対となる技法 「合気下げ」の極意を公開！

「合気下げ」は「合気上げ」と対をなす大東流合気の原理技法の一つです。

「合気上げ」が浮かす技術なら、「合気下げ」は落とす技術であり、これらが補完しあって大東流や合気道の技を構成しています。「大東流や合気道は剣の理合」であると言われるのも、その根幹技術である「合気上げ」「合気下げ」が剣の振り上げと振り下ろしから来ているからです。実際、武田惣角先生は「合気は剣と同じ」「剣を研究したので、合気でスッと出るのが分かったのだ」と言われていたそうです。

私の師である吉丸慶雪先生と、他の門人を明らかに分けて指導していた佐川幸義先生は、一般稽古において合気上げは「上げ手鍛錬法」として推奨しておられました。しかし、合気下げについては一般の門人には秘匿しておきたかったようです。

技法的に「その場に潰す」「そのまま下に押さえる」「落とす」等々、合気下げを使っていることは明らかであるのに、吉丸先生の佐川道場在籍時の稽古日記を拝見すると、一般稽古では合気下げについて全く言及していません。しかし、吉丸先生は私への指導の際、はじめから「上げ手（合気上げ）があるのだから、下げ手（合気下げ）もある」「剣を振り上げたら、下ろすのが当然」と言われていました。それは吉丸先生が佐川先生との一対一の特別稽古において、強烈なインパクトと共に合気下げを体験していたからでした。

佐川先生が木刀を正眼に構えて「押さえよ」と言われ、吉丸先生が両手で佐川先生の右小手を押さえたところ、スルスルと軽く上げられてしまったことがありました。この時に、吉丸先生は「これが上げ手の原型か？」と思ったそうです。後日、佐川先生が木刀を構えて振りかぶったところで、今度は「下から押さえよ」と言われたので、佐川先生の右小手を下から両手で押さえて思い切り踏ん張ったのですが、前回同様にスルスルと軽く下げられてしまいました。この時、強烈に「これは下げ手だ！」と思ったそうです。こういったことがあったために、吉丸先生にとっては「上げ手があるのだから、下げ手もある」と考えるのは必然だったのでしょう。

佐川先生にしてみれば、下げ手（合気下げ）を習得すると技量の幅が大きく広がりますので、隠しておきたい原理技法の一つだったのだと思います。もしくは自分で気づくべきことと考えておられたのかもしれません。

しかし、「合気下げ」の習得には「合気上げ」とはまた違った難しさがあります。本章からの第Ⅱ部「合気下げの実戦力」では、その「合気下げ」のコツを公開いたします。

剣の理合と合気の共通性

合気上げ

第一部でも解説したが、合気上げは「剣の振り上げ」と同一の原理で成り立っている。相手に腕を押さえられた状態から（①）、力みなく剣を上げれば相手も上がる（②）。これを徒手で行えば、即ち合気上げとなる。

合気下げ

合気下げは合気上げの対となる原理技法であり、「剣を振り下ろす」ことに由来している。上段に構えた剣を下から押さえられても（①）、合気上げの逆の要領で振り下ろせば、相手はたちまち下に潰れるように崩れる（②③）。これを徒手にて体現するのが合気下げである。

合気下げで基礎錬体の強化と筋肉制御運動の応用を修得

合気上げは浮かす技術を用いて、まず基礎錬体と初歩の伸筋制御運動を身につけるのが目的であり、そこから徐々にレベルを上げ、最終的には合気之錬体という武術統一体を獲得すると同時に、多様な筋肉制御運動を使いこなして、真之合気を習得するという目的がありました。

一方、合気下げは落とす技術を用いて、さらなる基礎錬体の強化と筋肉制御運動の中でも特に重力制御運動の様々な応用変化を身につけるという目的があります。

実は合気上げよりも合気下げのほうが応用を効かせやすいのです。さらに言えば、地球の重力を味方にして技を掛けるので、その威力も倍増します。

伸筋制御運動による合気下げ

それではまず、大東流合気武術の基本の体使いである伸筋制御運動による合気下げから解説していきます。

合気上げ同様、合気下げにおいても筋肉の伸びを使って、掴まれた両手を下げていきます。第I部「合気上げの根源力」で解説しました「伸張力基礎訓練法」における両手をこめかみの高さから下ろしていく動作です。「伸張力基礎訓練法」での両手を上げていく動作が合気上げであり、下ろしていく動作が合気下げになります。その違いは平手か花手型かという手型の違いだけです。

合気下げの守るべきポイントは、「手を花手型に開く、脇を軽く閉める、下に下ろす」の三点です。

◎座位合気下げ

では実際にやってみましょう。まず座位での合気下げです。互いに正座にて向き合い、我は中空に両手を

座位合気下げ

互いに正座で向き合って両手を差し出し（①）、相手が小手を充分掴んだところで手を花手型にする（②）。「伸張力基礎訓練法」の要領で指先から両手を下ろし（③）、さらに外旋を加える（④）。これにより、相手はより深く崩れてゆく。最後に片方の手を腰に引き、もう片方の手を返して、相手を掬い投げのようにして転がす（⑤）。

手型の変化と手首の外旋

相手にしっかりと小手を掴まれたら（①）、手をフワリと花手型に変化させる（②）。掌が縮んでしまわないように注意。また相手を下げ崩した際、続けて手首を外旋させることでさらなる崩しをかけるが、この時、相手の掴み手の小指を絡めることがポイントとなる（③④）。

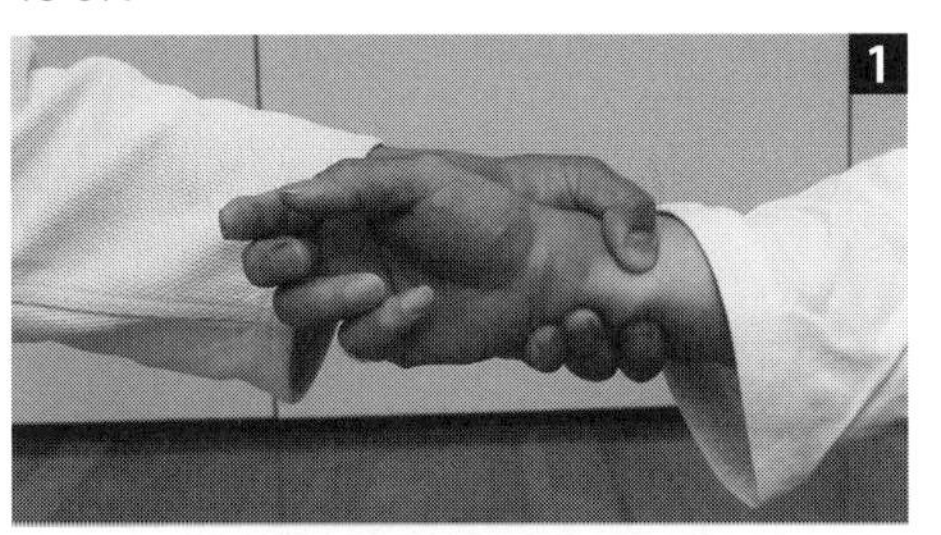

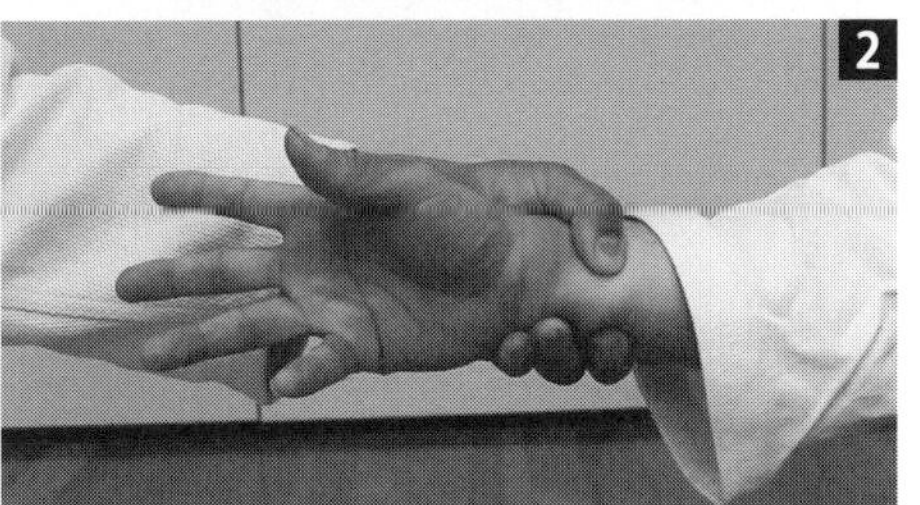

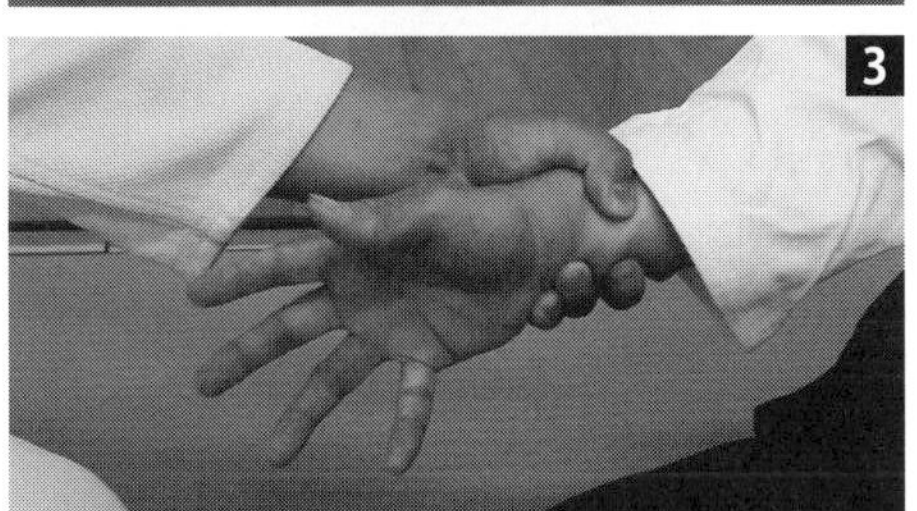

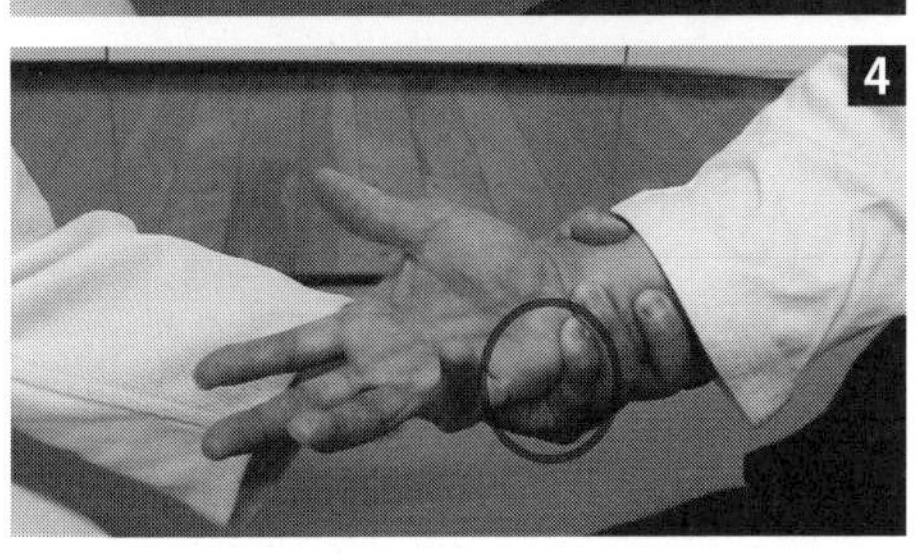

差し出します。その小手を相手はしっかりと掴み、相手が充分掴んだところで、手を花手型にします。そして、我は「伸張力基礎訓練法」の要領で指先から両手を下ろしていきます。

力の出し方としては、指先に集力し、指先から動き、指先に力が流れるようにします。相手が掴んでいる小手の部分には力を入れず、相手の力に抵抗しないようにします。

手の動かし方は、掌を向き合わせて剣の切り下ろしのように両手を下ろします。肘中心の円滑運動から肩中心の円滑運動へ移行し、肘を少し引きます。動きに慣れたら、両手を下ろした際に外旋を加えます。相手の掴み手の小指を絡めることがポイントです。さらに片方の手を腰に引き、もう片方の手を返して、相手を捌い投げのようにして転がします。

◎**立位合気下げ**

次に、立った状態で合気下げをやってみましょう。これだと相手は足が使えるようになりますので、座位よりも難易度が上がります。

まず互いに立位にて向き合い、我は中空に両手を差し出します。その小手を相手が充分に掴んだところで、手を花手型にします。我は「伸張力基礎訓練法」の要領で指先から両手を下ろしていきます。立位では相手は足の踏ん張りを使えますので、力のぶつかりが起きないように、座位よりもさらに深い脱力が必要になります。力の出し方や手の動かし方などは、座位での合気下げと同様です。

◎**高難度合気下げ**

続けて、立位合気下げの難度をさらに上げて行います。今度は相手は足のスタンスを肩幅より広くし、横ではなく前後にしっかりと踏ん張ります。そして、我の手を横からではなく下から掴み持ち、両肘を体につけて支えます。これで合気下げの難度がかなり上がります。相手が充分掴んだところで、我は「伸張力基礎訓練法」の要領で指先から両手を下ろしていきます。

相手に足を踏ん張らせない「差し手投げ」の妙技

一通り、伸筋制御運動による合気下げにチャレンジしてみて、いかがでしたか？　おそらく、ほとんどの人にとって難しく感じたと思います。というのは、足というのは伸筋優位なので、相手が強く踏ん張った場合、よほど上手く自分の手の伸筋制御運動の力みを抜かないと、同じ伸筋同士がぶつかって拮抗してしまうのです。

そのためか、吉丸先生は私以外の門人には「差し手投げ」を合気下げとして教えていました。「差し手投げ」は相手に足の踏ん張りを許さないので、伸筋制御運動だけを使って合気下げができるのです。「差し手投げ」のポイントは、相手の腰横に向かって自分の人

立位合気下げ

立位だと相手は足が使えるので、座位よりも難しくなる。互いに向き合って両手を差し出し（①）、相手が小手を充分に掴んだところで、手を花手型にする（②）。座位と同じ要領で指先から両手を下ろしてゆき（③）、手首の外旋を加え（④）、掬い投げで倒す（⑤）。立位では相手と力がぶつからないよう、座位以上により深い脱力が必要となる。

差し手投げ

「差し手投げ」は相手に足の踏ん張りを許さないため、伸筋制御運動だけで合気下げができる。技のポイントは、小手を掴まれた状態から、相手の腰横に向かって自分の人差し指を指し伸ばすこと（①②）。これにより相手の腰を崩せるため、その後の合気下げを楽に行うことができる（③④）。

高難度合気下げ

相手は足のスタンスを肩幅より広くし、横ではなく前後にしっかりと踏ん張って立つ。さらに両手を横からではなく下から掴み持ち、両肘を体につけて支える（①）。これで合気下げの難度はかなり上がる。しかし、座位と同じ要領で、なおかつ深いリラックスもできていれば、一瞬で相手を下方へ潰すことが可能である（②③）。

差し指を指し伸ばすことです。これにより相手の腰が崩れるので、その後の合気下げが楽にいきます。佐川先生の得意技の一つであった「外無双」も差し手投げの一種です。

伸筋制御運動＋重力制御運動

合気下げを自由自在に使うためには、足の踏ん張りによる抵抗の壁を越える必要があります。それには重力制御運動を加味して使います。伸筋制御運動＋重力制御運動ということです。

第I部で簡単に解説いたしましたが、重力制御運動とは腕や体の重さを感覚やイメージでコントロールしようということです。自分の感覚とイメージによって、腕や体の重さを自在に変化させることにより、相手との接触部分から重さを力として使うことができるようになります。

武田先生や佐川先生が腕力ではなく、重さを力として使っていたことは明白です。佐川先生のお話にも

「武田先生が小手で押さえると何貫目かの重みがズッシリと掛かった感じがした」とあります。■

第14章 手足の重さのコントロール

「合気下げ」の極意は全身の重さのコントロール

本章では、重さのコントロールを解説していきます。「合気下げ」においては全身の重さを自在にコントロールする必要があります。まずは一番器用に動く手（腕）の重さからです。体の重さをコントロールするには、充分に力を抜かなければなりません。

人間は病気にでもならない限り、自分の体を重いと感じることはありません。それは生まれてから地球上で生活するうちに、自然と抗重力筋が鍛えられているからです。腕も肩からスッパリと切り落としてしまえば、片腕で4～5キロほどあるそうです。鉄アレイの5キロは重いですが、自分の腕の5キロを重く感じないのは、無意識に肩で支えているからです。

故に、腕の重さを武術的な力として使うには、肩の力みを無意識レベルまで抜く必要があります。そのための一番簡単な方法は、わざと肩に力を入れて、パッと力を抜くことです。

では実際にやってみましょう。まずは自然に真っ直ぐ立ち、わざと右肩を持ち上げ、右肘を曲げて握り拳を作ります。そして、右肩に力を集めるようにしてギューッと力を入れ、パッと抜きます。すると、右腕が自然に脱力してストンと落ちます。これを左右交互に繰り返します。加えて、腕を前後に振ったり、グルグル回すこともやります。こういった練習を毎日繰り返すことで、肩にある無意識の力みが徐々に抜けてゆくのです。

イメージの重さの伝達と確認法

次に接触点を通じて、意識的に腕の重さを相手へと伝えることを学びます。

まず相手にシッカリと力を入れた状態で右腕を前へ伸ばしてもらい、その腕に自分の右腕を乗せます。そして充分にリラックスし、まず右手に1キロの鉄の球を持っているとイメージします。

この時、本当に本物の鉄の球を持っているのと寸分違わぬ感覚が生ずるように可能な限りリアルにイメージすることが重要です。次に、徐々に鉄の球を重くしていくようにイメージします（114頁参照）。徐々に重くしていくイメージが掴みづらい場合、ペットボトルに水を入れて持ち、その水の量を増やしていくと感覚を掴みやすいと思います。4キロの重さの場合は、2リットルのペットボトル2本を紐で腕に括り付ければ、簡単にその重さを再現できます。

右腕を相手の腕に乗せたまま、徐々に腕の重みを預けてやると、相手は抵抗できずに崩れ始めます。人間は力任せの腕力に対してはかなりの抵抗を示すのですが、重さを力として使うと、その慣れない感覚に意外と脆いのです。

脱力と重さの伝達訓練を繰り返すことで、無意識レベルの無駄な力を抜き、腕の重さを表現できるように

腕回し

肩を中心に腕を曲げた状態でグルグルと回す（①②）。最終的には無意識レベルで肩の力を抜けるように。

腕振り

脱力訓練法の一例。両腕を大きく前後に振ることで、肩の力みを徐々に抜いてゆく（①②）。

脱力訓練法

自然に真っ直ぐ立ち、わざと右肩を持ち上げ、右肘を曲げて握り拳を作る（①）。右肩に力を集めるようにしてギューッと力を入れ、パッと抜く。すると、右腕が自然に脱力してストンと落ちる（②）。これを左右交互に繰り返す。

なっていきます。そして、そのレベルを確認する方法があります。ここで大事なのは、伸筋制御運動に、重さ＝重力制御運動を乗せることです。重力制御運動だけだと、剛力の持ち主には通用しない場合があるので注意してください。

◎確認法①（立位）

真っ直ぐに立ち、両腕は自然に垂らして指先に力と意識を集中させ、腕全体の筋肉の伸びと重さをイメージします。次に相手にこちらの右手首を両手で掴ませ、右肩に向かって真っ直ぐ持ち上げてもらいます。この時、伸筋制御運動と重力制御運動が上手くできていれば重さが効いて右腕は持ち上がりません。逆に、力抜きが浅いと簡単に上がってしまいます。

◎確認法②（座位）

まず椅子を用意し、その上に右腕を伸ばして掌を置きます。次に指先に力と意識を集中させ、腕全体の筋肉の伸びと重さをイメージします。この状態で相手に右手首を両手で掴ませ、上に向かって真っ直ぐ持ち上げてもらいます。上手く重さが効いていれば、右腕は持ち上がりません。さらに鍛錬が進めば、椅子の横に座り、掌を上に向けて軽く置いた状態でも、相手は持ち上げることができなくなります。

実際の動きの中で重さを使う

肩の脱力とその重さの効果を確認できたら、次は実際の動きの中で重さを技として使えるかを試します。

◎合気下げ実用法①（座位）

座位で互いに向かい合い、相手は両手で我の両小手を掴みます。我は手を開き、指先を先導させて外より両手を回し、相手の両手首を二ヶ条に極めます。この時、相手が逆を取られないように力一杯に抵抗したら、我は肩の力を抜き、腕の重さを相手の小手に掛けて下に潰します（合気下げ）。最後に潰れた相手を丸く振って投げ倒します。

確認法（立位）

真っ直ぐに立ち、両腕は自然に垂らして指先に力と意識を集中させ、腕全体の筋肉の伸びと重さをイメージする。次に相手に我の右手首を両手で掴ませ、右肩に向かって真っ直ぐ持ち上げてもらう。伸筋制御運動と重力制御運動が上手くできていれば右腕は持ち上がらない（写真上）。逆に、力抜きが浅いと簡単に上がってしまう（写真下）。

確認法（座位）

椅子の上に右腕を伸ばして掌を置く。指先に力と意識を集中させ、腕全体の筋肉の伸びと重さをイメージする。相手に右手首を両手で掴ませ、上に向かって真っ直ぐ持ち上げてもらう。上手く重さが効いていれば右腕は持ち上がらない（写真上）。ここでも力抜きが浅いと簡単に上がってしまう（写真下）。

さらに鍛錬が進めば、椅子の横に座り、掌を上に向けて軽く置いた状態でも、相手は右腕を持ち上げることができなくなる。

合気下げ実用法(座位)

座位で互いに向かい合い、相手は両手で我の両小手を掴む（①)。我は手を開き、指先を先導させて外より両手を回し、相手の両手首を二ヶ条に極める（②)。この時、相手が逆を取られないように力一杯に抵抗したら、我は肩の力を抜き、腕の重さを相手の小手に掛けて下に潰す（③)。最後に潰れた相手を丸く振って投げ倒す（④)。

合気下げ実用法（立位）

自然に真っ直ぐ立ち、両腕は自然に垂らす。相手は後ろから我の両手首を両手で掴み（①)、後ろに引き上げる（②)。その瞬間、我は力を抜き、合気下げの要領で両腕を落として相手を崩し（③)、体を振って相手を投げ倒す（④)。

◎合気下げ実用法②（立位）

自然に真っ直ぐ立ち、両腕は自然に垂らします。相手は後ろから我の両手首を両手で掴み、後ろに引き上げます。その瞬間、我は力を抜き、合気下げの要領で両腕を落として相手を崩し、体を振って相手を投げ倒します。

腕の数倍の効果を持つ足の重さをコントロールする

では腕の次に、足の重さをコントロールする訓練を紹介します。器用な手と違い、足というのはかなり不器用です。足全体の力を抜くどころか、足の指を広げてジャンケンの「パー」を作ることのできない人も多数います。これを訓練して、足の力を上手く抜けるようにするのです。

まず足の指先に力と意識を集中して、指を広げて「パー」を作る練習をします。大東流では入門して最初に手を開くことを習いますが、技法的に足の指も開くことが多いので、これは大東流と合気道の修行者にとっては必須です。

次に足の指を曲げて「グー」を作り、できたらグッと力を込めます。そして急激にパッと力を抜きます。これを繰り返し、さらに足首や膝を回して、可能な限り関節部を柔軟にします。

次に、足でもイメージによる重さを表現できるように訓練します。足で鉄の球を持つのは難しいので、足首から先が石になったとイメージします。手の重さを出すイメージ訓練が進んでいればさほど難しくありません。それに足は腕の何倍も重いので、多少下手でも効果は出ますし、上手にイメージできればその効果は腕の数倍です。

ここまで訓練が進むと、手でも足でも重さを自在にコントロールできるようになると思います。

■

足指訓練法

足の指先に力と意識を集中し、指を広げて「パー」を作る(①)。次に足の指を曲げて「グー」を作り(②)、できたらグッと力を込め、急激にパッと力を抜く。大東流のみならず、合気道修行者にも必須の訓練である。

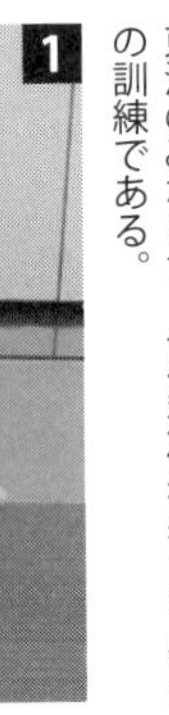

足の重さのコントロール

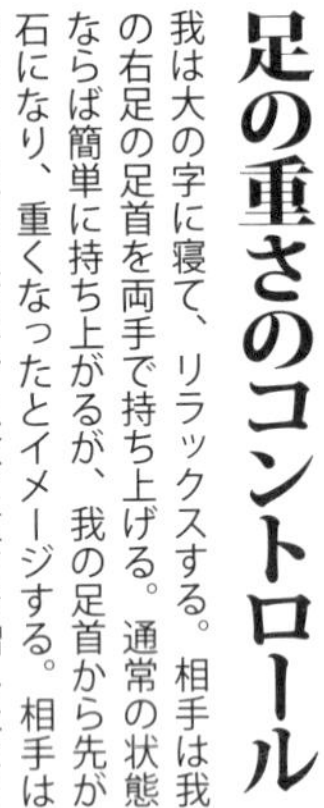

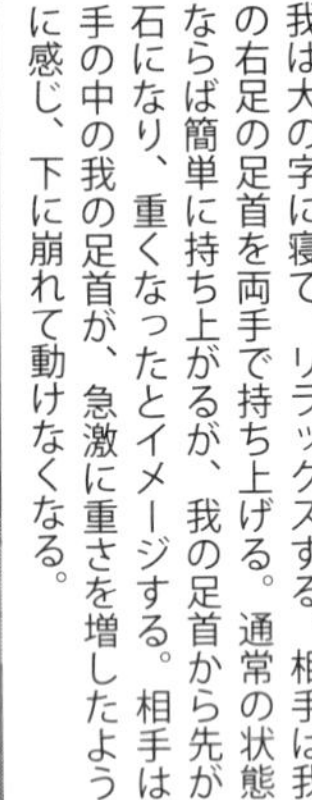

我は大の字に寝て、リラックスする。相手は我の右足の足首を両手で持ち上げる。通常の状態ならば簡単に持ち上がるが、我の足首から先が石になり、重くなったとイメージする。相手は手の中の我の足首が、急激に重さを増したように感じ、下に崩れて動けなくなる。

イメージによる重量増加

相手は立ったまま、大の字に寝た我の両足をそれぞれ両手で掴み持ち上げ、さらに腰のところで持ち直し抱え込む。我は両足の指を「パー」に開き、さらにイメージにより足を重くして、相手の腰を攻める。相手は腰に掛かる重さに堪えきれず、そのまま倒されてしまう。

重さで腰を攻める

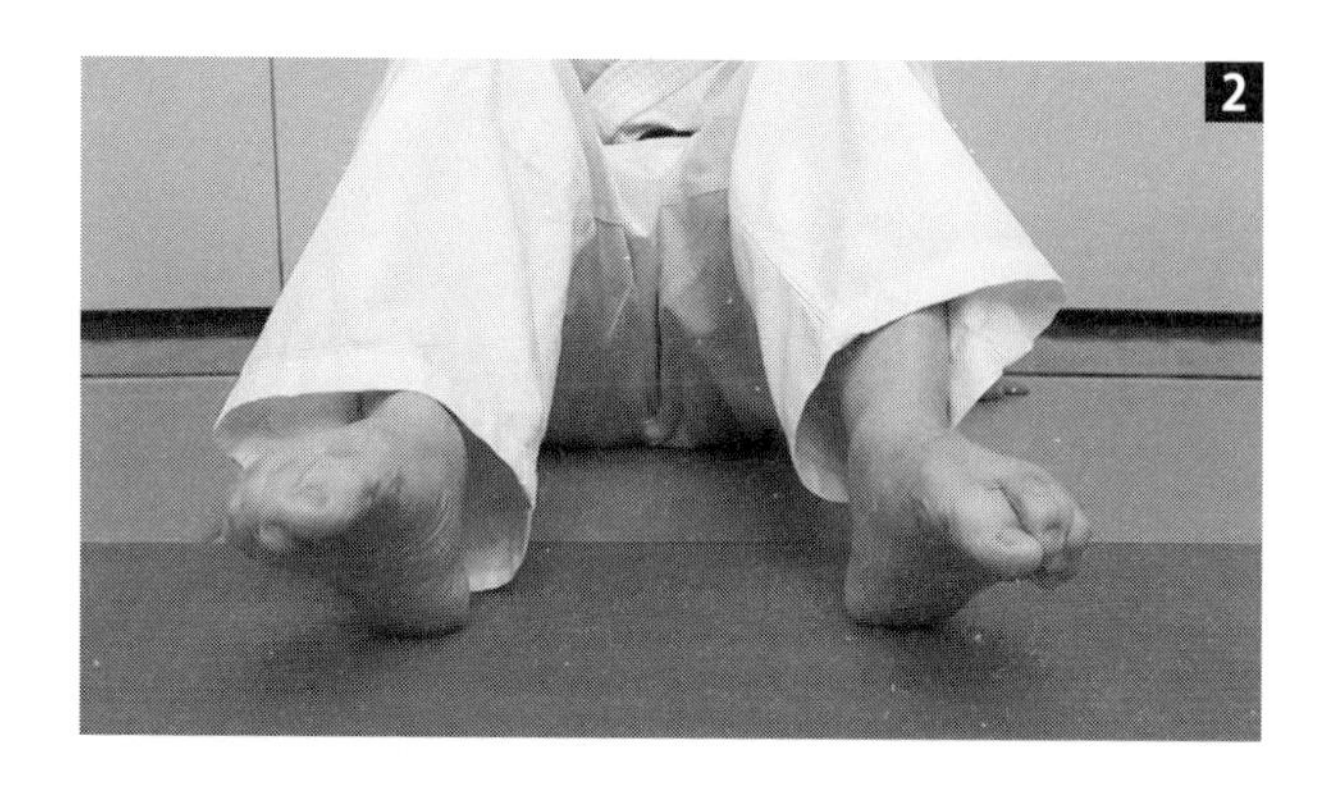
2

第15章

体幹の重さのコントロール

抗重力筋の緊張を取り去り、身体本来の重さを使う

第II部の最後は、体の無意識の力を抜いて体幹の重さをコントロールする方法を解説します。人は知らず知らずのうちに、地球の重力に対して抵抗する形で体を支えています。そのための代表的な筋肉群を抗重力筋と呼んでいますが、この力をちょっと緩めればよいのです。抗重力筋を緩めると地球の重力が体に強く働いて重心が下がり、体が重くなります。

イメージがつかめない場合は、次のような実験をやってみてください。これは第I部における重力制御運動の項でも解説しておりますが、大変重要なことなので再度詳細に記載することとします。

まず一人が床に大の字に普通に寝ます。その片方の手をもう一人が掴んで引っ張り上げて上半身を起こさせます。これは比較的簡単に引っ張り起こす事ができたのではないでしょうか。

それは通常、人は抗重力筋を働かせることで生活しており、寝た状態でもその無意識の緊張は残っているからです。さらに手を引く、体を支えてもらう等によって体を起こすという無意識の反射ができ上がっているのです。そのために手を引いて体を起こすということに、無自覚無意識に協力してしまうのです。

では次に、先程と同様に床に寝ます。今度は寝た人は一度全身に力を入れ、ハーッと息を吐きながら完全脱力します。そして「自分は死んだ、死人だ」とイメージします。これは手を引っ張ってもらって起き上がるという、習慣の無意識の反射を消すためです。

その状態で先程と同じく、片方の手をもう一人が掴み引っ張り上げますが、今度は寝た人の体の重さが予想以上に重く、その抵抗感にかなりてこずったのではないでしょうか？

これは抗重力筋の無意識の緊張と反射を取り去ったために、相手の体が持つ本来の重さが現れたのです。酔っ払いの介抱をしたことのある人はご存知でしょうが、アルコールによって抗重力筋が緩み、無意識の反射が起き難い泥酔状態の人は相当に重いのです。この実験で体幹の完全脱力の要領を掴み、一人でも完全脱力訓練を数日繰り返せば、抗重力筋の力みを抜くコツは分かってくると思います。

意識の置き方で変化する重さ

脱力と反射を消すことで体が重くなることを学んだら、次は意識の置き方でも体の重さが変化することを学びます。この方法は表面に出にくい意識の技術ですから、巧拙によってかなりの差が出ますので、繰り返し何度も行って慣れることが必要です。

まず両足を肩幅に開き、真っ直ぐ立ちます。この状態でもう一人に後ろから抱きかかえて持ち上げてもらいます。そしてこの時の感覚をしっかり覚えてもらいます。次は同様に立ち、頭の上に意識をもっていきま

足下への意識で体幹を重くする

真っ直ぐ立ち、今度は足下の方に意識をもっていく（①）。要領が分かりにくければ、目線を下げて斜め下を見る感じでも良い。この状態なら後ろから抱きかかえて持ち上げようとしても、明らかに重くなって持ち上がらない（②）。

頭上への意識で体幹を軽くする

両足を肩幅に開いて真っ直ぐ立つ（①）。頭の上に意識をもっていき、この状態で後ろから抱きかかえて持ち上げてもらうと、通常時よりも楽に体が軽く持ち上がるのが実感できる（②）。

体幹の重さを技として使う

我は自然体で立ち（①）、相手が後ろから抱きかかえてくるのを腰を落として受動力でこらえる（②）。慌てずリラックスして体を重くし、その重さを相手に預ける（③）。すると相手はあまりの重さに耐えることができず、そのまま下に崩れて倒れてしまう（④）。

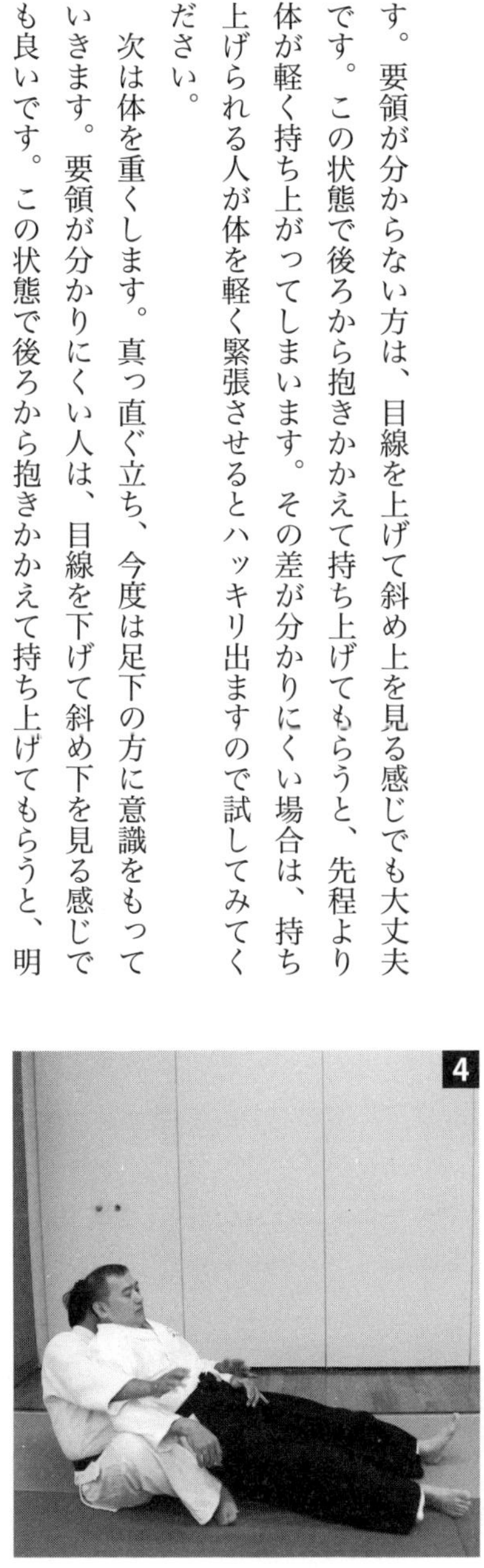

す。要領が分からない方は、目線を上げて斜め上を見る感じでも大丈夫です。この状態で後ろから抱きかかえて持ち上げてもらうと、先程より体が軽く持ち上がってしまいます。その差が分かりにくい場合は、持ち上げられる人が体を軽く緊張させるとハッキリ出ますので試してみてください。

次は体を重くします。真っ直ぐ立ち、今度は足下の方に意識をもっていきます。要領が分かりにくい人は、目線を下げて斜め下を見る感じでも良いです。この状態で後ろから抱きかかえて持ち上げてもらうと、明

剣術振り下ろし後の先

互いに正眼で向かい合った状態から（①）、相手が真っ直ぐに突き込んで来た瞬間、右斜め前に体を捌いて突きをかわしつつ（②）、合気下げを用いた剣で相手の剣を叩き落とし（③）、そのまま突きを極める（④）。合気下げを乗せた剣は想像以上の威力を持ち、一撃で相手を崩すことが可能となる。

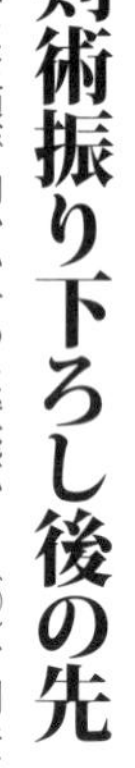

杖術無手捕り

片手で平行に持った杖を相手が掴んだ瞬間（①）、杖を用いて合気下げをかけ、相手を下方に崩す（②）。さらに杖を足で踏みつけ、極めの体勢を取る（③）。武器が体の一部として機能して、武器のどの部分であっても自在に重さが乗ることが重要だ。

らかに重くなっているのがわかるでしょう。意識の置き方の上手な方はかなり重くなるので、簡単には持ち上げることができないはずです。

軽くする時と同様にその差が分かりにくい場合は、持ち上げられる側の人が今度は体を積極的にリラックスさせると重さがハッキリ出ますので、試してみてください。これらは意識の置き方の技術ですから、繰り返し行って要領を掴めば体の軽重がハッキリ出てきます。重要なので何度も行ってください。

重力制御運動の真骨頂は全身の重さを連動させること

以上の訓練を行うことで、体幹の重さを変化させることができるようになります。これで腕の重さ、脚の重さ、体幹の重さをコントロールする基礎ができ上がりました。第I部における合気上げで、ある程度体ができていれば、腕・脚・体幹の重さを連動させて使うことができるようになると思います。

伸筋制御運動が筋肉の伸びを連動させて使うのと同様に、重力制御運動は体の重さを連動させて使います。ここが大事です。リラックスし、用法により体をバラバラに使いながらも統一体として全身を一つとして連動させるということ、これはやはり意識的な訓練なしには難しいと思います。佐川幸義先生が一人稽古による鍛錬を重要視していたのも頷けるでしょう。

そしてここまで訓練が進み、合気下げの錬体レベルが上がれば、第13章で紹介した、高難度の合気下げも簡単にできるようになっていると思います。ぜひ、伸筋制御運動の合気下げに重さのイメージを乗せて再度チャレンジしてみてください。

第II部の仕上げとして、手の延長として使う武器にも、重力制御運動による合気下げが有効であることをお見せしたいと思います。武器が体の一部として機能して、武器のどの部分であっても自在に重さが乗ることが大事です。さらに、最後に全身の重さを効かせた合気下げを使った多人数捕りの技をいくつか紹介しましょう。

達人 塩田剛三の神技に観る「合気下げの実戦力」

以上で合気下げの解説を終わりますが、本書で初めて合気下げを知ったという方のために有益な情報を提供したいと思います。

実は、合気道の先達に合気下げの達人がおられます。それは養神館合気道の塩田剛三先生です。合気錬体会には佐藤金兵衛先生より授けられた、合気道開祖植芝盛平先生の技法がその極意とともに伝承されていますが、塩田先生はその植芝盛平先生の高弟のお一人であり、師系から見ると私の大伯父に当たる方です。某動画サイトでその演武を拝見いたしましたが、素晴らしい合気下げを披露されていました。その演武の8割位は合気下げの応用変化であり、極意とされていたこと

合気下げ二人捕り

両側から二人に肩を掴まれた状態から（①)、両手で外側から回すように合気上げをかけて相手を浮かせ（②)、続けて肘を極めながら合気下げで二人同時に潰す（③)。そのまま前方に踏み出し、二人同時に投げ放つ（④)。合気上げと合気下げを併用することで、より実戦的な技法を駆使できるようになる。

合気下げ三人捕り

左右両側から腕を抱えられ、さらには前方から襟を掴まれた状態から（①)、合気下げで左右の二人を一気に崩し（②)、続けて胸を用いて正面の相手も崩す（③)。

最後は大きく振り切るように三人同時に投げ放つ（④⑤)。全身の重さを効かせられれば、一見不可能とすら思える絶技も体現可能となる。

1

2

3

4

5

達人 塩田剛二の神技は「合気下げ」がその極意であろう。

が分かります。聞いたところによりますと、塩田先生は武田惣角先生の受けをとられたこともあり、また横木打ちで体を鍛えられたとのことですから、武田先生の極意が剣術にあることに気がついておられたのかもしれません。

合気下げは「落とす」技術であり、いわゆる力を使いません。ですから年齢や性別に関係なく習得可能です。それに基本の動きは剣の振り下ろしですから、非常にシンプルです。

そして合気上げと合気下げは合気の原理技法ですから、合気取得を目指す方は必ず修練する必要があります。佐川先生は「大雑把にいって、合気は浮かせるか泳がせるかである」と言われましたが、私有満は合気上げと合気下げを踏まえ、「大雑把にいって、合気は浮かせるか落とすか泳がせるかである」と思っています。本書により合気下げが合気上げ同様に広く知られ、合気系武道修行の皆様に益することとなれば幸甚です。■

おわりに

大東流合気柔術は、力に頼らない武術です。

それは、創始者である武田惣角先生の身長が１５０センチ程で、当時としても小さかったことが理由に挙げられます。そのため、筋力を鍛えても限界があり、人とは違う工夫がなければ自分より大きい者には太刀打ちできなかったことと思われます。もし武田先生の体格が普通以上であったなら、合気柔術における合気は発見されずに終わった可能性もあります。武田先生は日本剣術の極意の一つを「合気」と称して、その極意を柔術に応用し、広く普及されました。その技は武田先生しかできないと言われる程だったようです。

名人と言われた佐川幸義先生は、武田先生の合気をさらに発展させ、その武術はまず合気ありきであり、それを体術や剣術等に深く反映されました。佐川先生が武田先生の合気をとれたのは、やはり小さい頃から剣術を修行されていたからではないかと考えています。

吉丸慶雪先生が合気を解明できたのも、小さい頃に剣道の稽古を積んだ経験が生きたからです。もちろん、佐川先生の後継者候補として、一対一の特別稽古を重ねたことも大きいと思われます。この佐川先生との特別稽古において、普段の稽古では見ることのかなわない特別な技を数多く体験したことも大きいでしょう。

私が合気をとることができたのは、吉丸先生が合気を理論的に解明しており、まず「伸筋制御運動」を提示して、剣術や柔術等、武術における共通した根本的な体の使い方を指導してくださったおかげです。

合気をとることが難しいのは事実です。しかし本書によって、多くの方が合気をとることができるようになったと自負しています。

本書の写真撮影は、以下の門人に協力していただきました。樺政児五段、神戸進一五段、百武雷太二段、伊藤清初段、緑川裕一初段。

最後になりましたが、本書を手に取っていただいた読者の皆様に心より感謝申し上げます。

大東流合気柔術錬体会　第二代総師範　有満庄司

著者◎有満 庄司　Shouji Arimitsu

鹿児島県出身。2001 年、“不世出の達人” 大東流合気武術・佐川幸義宗範の高弟、吉丸慶雪師範が主宰する合気錬体会へ入門。2004 年に吉丸師範が体調を崩され、以後、会の存続も危ぶまれる中、師範を助けて上げ手講習会などを開催。吉丸師範より合気錬体会第二代総師範に任命され、現在に至る。有満整骨院院長。代表作に DVD『絶対出来る! 合気上げのコツ（全二巻）』（BAB ジャパン）がある。

◎合気錬体会　http://aikirentai.c.ooco.jp/

本文デザイン● 和泉仁
装丁デザイン● 梅村昇史

◎本書は『月刊秘伝』2016 年 4 月号～ 2017 年 4 月号に連載された「合気上げの根源力」、及び 2017 年 8 月号～ 2017 年 10 月号に連載された「合気下げの実戦力」をもとに単行本化したものです。

「神技」を生み、「錬体」を作る
できる！ 使える！ 合気上げ

2018 年 2 月 5 日　初版第 1 刷発行

著　者　　有満庄司
発行者　　東口敏郎
発行所　　株式会社 BAB ジャパン
〒 151-0073 東京都渋谷区笹塚 1-30-11　4・5 F
TEL　03-3469-0135　　FAX　03-3469-0162
URL　http://www.bab.co.jp/
E-mail　shop@bab.co.jp
郵便振替 00140-7-116767
印刷・製本　　株式会社暁印刷

ISBN978-4-8142-0106-8 C2075